每一天練習照顧自己

當我們為自己負起責任，就能真正放手，做自己
Codependent No More
How to Stop Controlling Others and Start Caring for Yourself

梅樂蒂・碧緹（Melody Beattie）著

遠流出版公司

從自己身上找到快樂是不容易，
但要在其他地方發掘則不太可能。

——美國散文家荷貝立爾（Agnes Repplier）

感謝所有讓這本書順利付梓的人，
也將這本書獻給我自己。

目錄

作者的話……006

第一部分：如何照顧自己

1 放手……010
2 別總是聞風即動……026
3 讓自己自由……039
4 不再當受害者……051
5 擺脫依附……070
6 活出自己人生……090
7 與自己談戀愛……098
8 學習接受的藝術……110
9 感覺自己的感受……128
10 憤怒……142
11 沒錯，你可以思考……160
12 設定自己的目標……169
13 溝通……180

14 其他重點 193
15 學會生活，重新去愛 218
第二部分：故事
16 潔西卡的故事 230
17 其他故事 238
第三部分：什麼是共同依賴
18 共同依賴 252
19 共同依賴特質 264
後記一 290
後記二 299
推薦序 302

作者的話

我在寫了這本書之後，曾經站上人生的巔峰，也曾因喪子之痛，歷經低潮，彷彿走在黑暗的隧道之中，直到後來逐漸看見在出口的光亮，並且在走出來之後，能夠給予他人希望。

這本書要講述的即是這麼多年我在分享的理念，是我一直主張、並且經常必須提醒自己的理念。

我現在知道什麼時候該拒絕，什麼時候可以答應，並且為自己的選擇負責。至於受害者這個身分，早就離我遠去。

現在唯一真正會傷害我的，就只有自己，而百分之九十九的時間，我都會選擇不要再這麼做了。但是，我也得不斷牢記幾個重要原則：設定界線、放手、原諒（在感受過情緒之後）、自我表達，愛他人、也要愛自己。

這本書要傳達的訊息，從能夠被接受到真正應用，其實都有個固定循環模式。

某些人有陣子會厭倦了一直努力。藥物雖然的確能幫助許多人面對憂鬱與焦慮的症狀，但對其他人來說，這些同樣的藥物，是能便利地掩飾自己不適的感受，而不強迫自己去尋求改變與協助。

除了藥物之外，其他像是手機，也能掩飾對他人太過關注所產生的痛苦：手機讓人不需死守在家，就能變得心神不寧，苦等對方來電，因為只要隨身攜帶，就可以隨時隨地關注別人。另外，我們還很清楚，怎樣才是正常的表現，也熟知所有正確的專有名詞，可以用來掩飾自己的不安。

不過這當中也有許多人已經開始體認到，這些行為可能會帶來多麼嚴重的後果。一旦有此認知，整個循環模式才算結束。

別放棄希望。我們大多數人花了很多年，才認識這些自我保護行為，也花了很多年才擺脫、學會放手。

我不知道命運為何選我來傳遞訊息，但是對於這項使命，我滿懷感激，很感恩能有機會盡一份心力，幫助別人。

第一部分

如何照顧自己

第一章　放手

（放手）不代表我們對所在乎的人置之不理，
而是讓我們從痛苦的深淵抽離。

在寫這一章時，我其實考慮過許多主題，後來才決定是「放手」。之所以選此為主題，並不是因為放手遠比其他概念重要，而是這個主題經常遭到忽略。我們要過得快樂，放手是需要不斷努力的方向，也是多數療癒課程的目標。此外，放手也是做其他必要事情前，必須最先做到的事。唯有對關注對象放下執著，我們才能開始關注自己、過自己的生活、有自己的感受，並解決自身問題。就我個人與他人的經驗，要是不願意放手，其他都無濟於事。

依附他人只會帶來痛苦

一旦有人說出：「我覺得愈來愈放心不下你。」當心！他／她說的可能是實話。很多人都會對周遭所關注的人與問題產生依附。所謂「依附」，我指的並不是喜歡別人、關注問題，或感覺以天下為己任的一般感受，而是深陷其中，有時還會絕望到無法自拔。

依附可分為幾種形式：

- 可能過度擔心某人或某個問題，全心全力投注其中。（我們的心力產生依附。）
- 或者，可能漸漸對於周遭的人及問題過度關注，並加以操控。（我們的心力，包括生理、心理和情緒，都放在關注對象。）
- 可能變得過度保守，不會出於個人意願主動行事。（生理、心理和情緒都形成依附。）
- 可能在情緒上對周遭的人產生依賴。（這樣已產生依附。）
- 對周遭的人來說，我們可能化身為照顧者（拯救者或有能力的一方）。（我們已牢牢依附在他人對我們的需求。）

有關於依附的問題很多。本章我會先著重在擔憂與執著這兩個問題，後續幾章再談其他的依附形式。

過度擔憂是無濟於事

只要過度身陷其中，不管是哪種情況，都會讓自己生活變得一團糟，也會讓周遭的人處於混亂狀態。要是我們把所有心力都放在他人與問題本身，就會沒什麼力氣再經營自己的生活。而且，擔憂與要負的責任，實際上就那麼多，一旦我們攬下所有的擔心與責任，周遭的人就什麼都不必管了。如此一來，我們投注太多，身邊的人卻付出太少。另外，擔憂別人或問題是無濟於事的，既無法解決問題，也幫不了他人，更幫不了自己。結果到頭來，只是白費力氣，徒增煩惱而已。

「要是你認為心情不好或擔心得夠久就能改變事實，那你應該是住在別的星球，那兒對於現實人生有不同的看法。」教育心理與諮商博士戴爾在《鑽出牛角尖》*中寫道。

擔憂與執著會使腦袋糾結，讓我們想不出解決辦法。每當我們如此依附某人或某事，便會抽離自我，與自我失去聯繫。我們放棄自己的力量，也放棄個人思考、感覺、行動與照顧自己的能力。

結果我們就會失控。

太過執著反會被控制

對另一個人或某個問題太執著，到無法自拔的地步，是件可怕的事。你看過有人被某個人或某件事佔滿整個心思嗎？這人開口閉口都是同樣話題，想的也都離不開同樣的主題。儘管你說話時這人好像有在聽，但你知道他根本沒聽進去。他心思一直在翻騰，東轉西轉，不斷繞著那個無法不去想的念頭轉圈圈。不管你講的是什麼，不論有多八竿子打不著，他都能連結到自己關注的對象或事情上。同樣的事可以重複好幾遍，有時稍加改變敘述語句，有時則用同樣的話語。你說什麼都沒用，甚至叫他不要再說了也沒用。要是能控制得了，他早就這麼做了，問題是他當下就是無法。執著讓他精力出奇旺盛，而他不僅受問題或擔憂所困擾，根本就是被控制。

很多我在家庭支持團體認識的人，就一直對他們在乎的人這麼執著。當我問他們感覺如何，他

---

*《鑽出牛角尖》（Your Erroneous Zones），戴爾（Wayne W. Dyer）著。

們回答的都是另一個人的感覺。問他們做了什麼，他們會回答另一個人做了什麼。他們所著眼的全是某人或某事，而非自己。有些人花好幾年擔心他人、收拾殘局，並試圖控制他人。這些人是別人的保護殼，有時幾乎隱形得看不見。他們的精力被榨乾，全投入到他人身上。他們無法說出自己的感受與想法，因為根本不知道。他們關注的對象從來都不是自己。

也許你一直都對某人或某事非常關注。某人說了或做了某事，突然讓你想起什麼；某事讓你憶起往事，某個問題。某件事可能真的發生，也可能是虛驚一場。或者你感覺風雨欲來，但不確定是什麼。通常他這時候會打來，現在卻沒有。他應該接電話卻沒接。今天是發薪日，之前他都在這天喝個爛醉，今天會再舊事重演？你可能不知道是什麼事或什麼原因，也不確定什麼時候，但你「知道」，有壞事或可怕的事已經或正在發生，或者即將發生。

不安的情緒在胃裡翻攪，讓人愁腸糾結，這種束手無策的焦慮感是如此熟悉。這是為什麼我們會做出許多事情來傷害自己，也是為什麼擔憂與執著會滋生。最糟的結果是恐懼。恐懼經常來了又走，讓我們的心懸在半空中，進入備戰狀態，或只是一時感到驚恐。但焦慮則揮之不去，揪著我們的心，麻痺著我們的心，讓心只剩下一個功能，就是不斷老調重彈同一個無用的思緒。也就是這個焦慮，驅使我們有各種控制的行為。我們只能想到去掩蓋事情、控制問題，讓一切麻煩煙消雲散。

一旦我們太過執著，就無法不去想那個人或那個問題。你已經不知道自己的感受是什麼，也忘了以前自己的想法，甚至也無法確定該做什麼，但是看在老天爺份上，你一定得做點什麼！而且要快！

擔心、執著和掌控都是假象

擔心、執著和控制都是假象，這些都是我們在自己身上耍的把戲。我們總覺得自己是在做什麼來解決問題，但實際上卻並非如此。我們許多人都有類似反應，而且全都有合理的原因。可能是我們長期遭遇嚴重複雜問題，生活不斷被打亂，而這些問題讓任何正常人都會變得焦慮、生氣、擔憂與執著。我們可能愛的是某個惹上麻煩的人、某個失控的人，對方問題可能是飲食失調、賭博、心理或情緒有問題，或可能是綜合以上幾項。

有些人面對的問題沒那麼嚴重，但一樣令人掛心。例如，所愛或在乎的人可能有情緒起伏，或許會做出我們不希望的行為。而我們可能認為對方應該有不同作為，能採取更好的方式，這樣就不會惹出一堆麻煩。

凡事為他人而活，結果便是失去自我

我們可能習慣去依附，包括憂心忡忡、一直回應，而且忍不住想操控。也許與我們同住的人或所經歷事物，曾失控過。也許採取執著與控制的做法，讓我們能使事情達成平衡，或者暫時讓情況不會變得更糟，所以我們便一直這麼做下去。也許我們害怕放手，是因為過去我們放手時，發生過可怕痛苦的事情。

也許我們長期以來一直都依附他人，凡事為別人而活，結果全然失去自己的生活。我們認為保持依附比較安全，至少在應對時我們知道自己還活著，或者當我們在執著、掌控時，自己還有事可做。

基於諸多原因，有些人傾向依附著問題或旁邊的人。他們不在意擔憂無法解決任何事情，不在意這些棘手問題根本少有解決之道，不在意自己因太執著，無法好好讀一本書、看電視或散個步；不在意個人情緒因對方說的話或沒說的話而不斷起伏波動；不在意自己正在做的對別人沒有幫助！不論代價如何，我們還是會咬緊牙關，緊抓繩索，而且比過往還抓得更緊。

有些人可能甚至沒意識自己會抓那麼緊，有些人則可能說服自己抓這麼緊有其必要，並深信要這樣執著地回應特定問題或人，是別無選擇的。我常建議別再依附某個問題或對象，結果對方往往很害怕。「那怎麼行！」對方會說。「我絕不能這麼做。我太愛他（她）了。我太在乎他，所以無法這麼做。這個問題或這人對我太重要了。我『一定得』繼續依附下去。」

我的回答是：「**誰說你一定得這麼做？**」

我要說個好消息。我們「不必」去依附。其實有更好的方式，那就是「放手」。剛開始可能很可怕，但最後對所有人都好。

更好的方式

到底什麼是放手？我想要你回答的是什麼？

首先，先來談什麼不是放手。放手不是撒手不管，採取冷漠或敵對態度；不是聽天由命，絕望地接受人生或別人丟給我們的任何事情；不是行屍走肉應付生活，對旁人或問題漠不關心，全然沒有感覺；不是像小說家筆下的女主角，過度天真爛漫無憂無慮；不是逃避我們對自己或他人實際上應盡的責任；不是斷絕自己的感情關係。放手也不是不愛了，不關心了，儘管有時那樣做，可能是當下我們可以做的最好方式。

理想上，放手是放下、或是放開我們所關愛的人或問題。我們讓自己在心理上、情緒上、有時在生理上，不要不健康且痛苦地涉入他人生活與責任，也不涉入自己無法解決的問題。

讓別人做自己，讓別人自由

放手的基本前提是每個人都對自己負責，而且我們無法解決不屬於自己的問題，以及擔憂其實是無濟於事。**我們要做的是對他人的責任放手，轉而關注自己的責任**。要是有人闖了大禍，讓他們自行面對。我們讓別人做自己，讓別人自由，負起責任與成長。而我們也讓自己有同樣自由，盡力過好自己的生活，並且努力分辨自己哪些事物能改變，哪些不能。

如此一來，我們也會停止去試著改變不能改變的事情。我們盡己所能解決問題，然後不再煩惱焦慮。要是事情無法解決，我們也盡力了，但問題仍然存在，我們就學著如何與之共處。另外，我們要設法讓自己過得快樂，專注於當下生活的美好，並且心存感恩。我們會學到神奇的一課，也就是善用自己所擁有的，最後收穫會更多。

接受現況，接受事實

放手包含**活在當下，此地此刻好好活著**。我們讓人生自然流轉，而不是強迫去操控它。我們拋開對過去的懊悔與對未來的恐懼。我們要善用每一天。

放手也包括接受現況，接受事實。這需要我們相信自己、他人與上天，以及相信大自然的常規與世上萬物自有其命運。我們相信每個當下都是恰到好處。就算有尚未解決的問題，我們會釋放自己的重擔與憂慮，讓自己自由享受人生。就算有衝突，我們會相信一切都會沒問題。我們相信上天自有其命定，並且會關心發生了什麼。我們了解上天不只為我們解決問題，還會做得比我們更多。所以我們試著讓開，讓上天處理。我們也知道，一切都會沒事，因為我們見證過，最令人不安或最痛苦的事都會圓滿解決，並且每個人都從中受益。

作家荷莉絲在《享瘦，從心開始：減肥是家庭大事》*一書中寫到放手的部分，形容放手是種「健康的中庸之道」。

放手不代表不在乎，而是表示我們學習去愛與關心，參與其中，但不讓自己抓狂，如此就不會

---

*《享瘦，從心開始：減肥是家庭大事》（Fat is a Family Affair），荷莉絲（Judi Hollis）著。

讓腦袋一片混亂，也不會讓周遭一團亂。一旦我們不會焦慮地或不由自主地亂忙一場，便能做出好的決定，知道如何愛人以及解決自己的問題。我們會無拘束地去關心、去愛、幫助他人，又不會傷害自己。

過好自己的人生，便不會對他人愧疚

放手的回報非常棒：不僅得到平靜，達到深沉的平和，也能鼓舞自己，給自己力量去付出並接受愛；此外，也讓我們得到自由，找到個人問題的真正解決之道。我們得到自由，過好自己的人生，便不會對他人感到強烈愧疚，或要負起責任。有時候放手甚至能讓旁邊的人受到鼓勵，開始為自己解決問題。我們不再擔心他們，讓他們自己扛起責任，最後開始照顧自己。這樣的方式多棒！每個人都管好自己的事。

我曾提過有人因陷入執著與憂慮而痛苦，我知道有許多人過去必須（或選擇）面對一些嚴重的問題，例如配偶有成癮的問題、子女嚴重身障、青少年不顧一切嗑藥犯罪而毀滅自己。儘管要面對問題，這些人知道如何和問題共存。他們為所失去的難過，但仍會找到活下去的方式，並非投降認輸、壯烈犧牲或絕望以對，而是充滿熱忱、保持平靜，並對美好事物心存感激。他們扛起自己真正的責任。他們會為別人付出、伸出援手，並且關愛他人，但同時也會愛自己，對自己好。他們看重、珍視自己。但他們做這些事情，並非做得十全十美，也不是得來全不費功夫，馬上就能做到，而是很努力很努力去做，而且學習好好做到。

我非常感激這些人。他們教會我，放手其實並非不可能。他們向我證明了，放手真的能奏效。我想把這樣的希望傳遞給你，希望你也能繼續傳給其他人，畢竟放手真的可以做到，而且努力練習就能越做越好。

愛著放手，氣著也放手

放手是種行為，也是門藝術。它是一種生活方式。我相信它也是份禮物。每個有心尋求的人都能得到。

我們該怎麼放手？要如何讓自己的情緒、心靈、身體與精神從糾結痛苦中抽離？就盡己所能去做。或許剛開始會有點笨手笨腳。美國的戒酒家屬團體便建議可以從ＨＯＷ做起，也就是誠實

（Honesty）、開放（Openness），以及願意（Willingness）。

接下來的章節，我會對某些依附該如何放手加以說明，其他與放手有關的概念，我也會稍後討論。你必須先決定這些想法要如何應用在自己身上或特定情況，然後找出自己的方式。懷抱著謙卑，放下執著，努力做自己，相信你一定可以做到。我相信透過練習，放手是可以成為一種習慣，就像執著、憂慮與操控也是習慣性的反應。或許無法做到完美，可是也沒人可以做到。但是，不管進展快慢，只要在生活中練習，我相信一定會對你有助益。

我期許你能夠帶著愛放手，不論你要放手的對象是誰。我認為做任何事，最好都抱持愛的態度，但因為諸多原因，我們總無法做到。要是自己無法愛著放手，我認為氣著放手也比持續依附來得好。**如果我們放手，就能讓自己有更好的立足點去處理（或面對）自己的憎恨情緒。**如果我們還是持續依附，可能只是一直生氣，什麼事也做不了。

最不可能放手的時候，最需要放手

什麼時候該放手？一旦無法停止不去想，一直講相同話題，老是憂慮某個人或某件事；情緒沸騰、激動萬分時；再也按捺不住，一定得為某人做某件事；或是感覺自己命懸一線，而這條線卻出現磨損；一直以來試著面對的問題，至今覺得再也無法忍受；這時候就該放手了！你會學到察覺什麼時候是該放手。就諸多經驗來看，當下看起來最不可能放手的時機，其實最需要放手。

我想以一個真實故事為這章結尾。有天差不多半夜時，我的電話響起，當時我在床上，一邊拿起話筒，一邊還納悶這種時間是誰會打來，心想必定是很緊急的事。

就某個程度來說，的確頗為緊急。我不認識對方。她整晚打給不同的朋友，希望能得到些許安慰。結果似乎未能如願，有人給她另一個人的電話，這個人又給她其他人的，幾經輾轉，最後有人建議她打給我。

她很快自我介紹，接著激烈說出一連串自己的困擾。她老公以前參與過戒酒無名會，後來跟她分居，現在正和其他女人約會，說想要「找到自我」。他還沒離開她時，行徑就很瘋狂，也沒去戒酒會。現在她很懷疑，他跟小他這麼多歲的女人約會，不是瘋了嗎？

我一開始沒說話，後來發現過程中沒什麼機會插話。她一直滔滔不絕地說，最後才問：「妳不覺得他有病？不覺得他瘋了？不覺得該幫他做點什麼？」

「可能應該，」我回答。「但顯然我不能做什麼，妳也同樣沒辦法。我比較擔心的是妳。『妳』的感覺是什麼？『妳』的想法呢？『妳』該怎麼照顧自己？」

親愛的讀者，我會對你說相同的話。我知道你有煩惱，也理解很多人生活中都有十分關心的特定對象，會為他們傷心難過。這些人可能很多都直接在你眼前傷害自己、傷害你、傷害家人。但我無法控制他們，你可能也使不上力。要是能控制，你可能早就這麼做了。

放手吧。愛著放手，或氣著放手，但努力放手。

我能懂這很難，但熟能生巧，練習就會漸入佳境。要是你無法全然放手，試著「放鬆一點」。別抓那麼緊。休息片刻。

現在，深呼吸。你才是主角。

練習照顧自己

1 你的人生中是否有誰或什麼問題，讓你過度擔心？寫出那個人或那個問題，想寫多少都盡量寫，直到那人或問題離開你的心裡。寫完所有關於那人或問題的部分後，開始把焦點放在自己身上。你想的是什麼？覺得如何？

2 對那個人或問題放手的感覺是如何？如果選擇放手，可能會發生什麼？之後真有可能會發生嗎？一直擔憂、執著，以及設法操控，老是這樣依附著，有過什麼幫助？

3 要是人生沒出現那個人或那個問題，你會怎麼過你的人生？與現在會有何不同？你會覺得如何，又會怎麼做？儘管問題還未能解決，但可以花點時間想像自己是以那種方式過生活、感受及行事。試著想像你將那個人或問題，交付上天，讓祂用溫柔慈愛的雙手，抱抱那個人，或者接受那個問題。接著，想像上天抱抱你。這個片刻，所有一切都很美好，一切都圓滿自在。一切都會很好，而且好得超乎你的預期。

第二章　別總是聞風即動

輕鬆看待，泰然處之。

我是「回應者」，總會受外在環境牽動。有天我在辦公室，突然意識到這點。我曾聽過有人討論「回應」，但直到那一刻我才了解自己回應程度有多深。

整個人生都在回應他人

我會回應他人感受、行為、問題與想法，會回應他們可能產生的感受、想法或作為。我也會回應自己的感受、想法及問題。我似乎很擅長處理危機，或者說，我認為幾乎所有事都是危機。其實我是過度反應。大部分時間，潛藏在我內心的焦慮一直醞釀著，讓我瀕臨歇斯底里。但有時我是反應不足。要是面對的問題相當重要，我經常採取否認的策略。幾乎任何進入我的意識與周遭環境的事情，我都會回應，因此整個人生都在回應別人的生活、慾望、問題、過錯、成功與性格。甚至我低落的自我價值感，被我像發臭的垃圾袋拖著走，也算是種回應。我就像受牽制的木偶，邀請或容許任何人／事來拉扯擺布。

大部分人都會回應外在環境。我們回應時，可能是帶著怒氣、罪惡、羞恥、自我仇視、憂慮、受傷、操控、照顧作為、沮喪、絕望和憤怒等。我們其實是帶著「懼怕」與「焦慮」在回應。有些人會反應太過度，在別人旁邊就十分痛苦，在團體中也備感煎熬。回應本來就是人生的一部分，是與人互動的一部分，也是身為人存在的一部分。然而，我們讓自己變得是如此心煩意亂，如此無法專心，所有大小事都能讓自己偏離常軌，回應方式也常未必對自己最有利。

回應過度，結果反受外界操控

也許我們一開始回應得太急切、太強制，結果傷害了自己。光是感受急切強制，就足以傷害我們自己。我們讓自己處於危機狀態，分泌腎上腺素，繃緊肌肉，準備好應付緊急狀況（但通常不是什麼緊急的事）。有人做了什麼，或說了什麼，我們就必須有所回應。有人感覺如此，我們就必須也是感覺如此。我們專注在一開頭出現的感覺，深陷其中，一直想著最先冒出來的念頭，而且一直談論，想到什麼就說什麼，有時卻事後後悔。我們想到什麼，就去做什麼，通常未經考慮，而這就是問題所在：我們沒有三思而後行，沒有想清楚該做的是什麼，也沒想過如何應對當下情況。我們的情緒與行為，都受周遭的人與事所控制。我們間接讓別人來告訴我們該做什麼，這就表示我們已喪失主控權，遭到外界操控。

當我們回應時，便放棄上天賜予的個人能力，沒有採取「對自己最有利」的方式思考、感覺與行動。我們讓他人決定自己何時感到開心，何時平靜，何時生氣，以及我們會說什麼、做什麼、想什麼，以及感覺什麼。我們放棄在周遭紛亂思緒中保持平靜的權利。就像雷雨中的一捆紙，我們被風吹得到處亂飄。

以下是我常常會有回應的一個例子：我的辦公室就在家裡，兩個小孩年紀都還小。有時我在工作，他們便開始在別的房間撒野吵鬧，包括打架、奔跑、把房子弄得亂七八糟，或是在廚房吃吃喝喝。我當下的直覺反應是對他們大叫「夠了！」，接著再把他們臭罵一頓。一切就這樣自然發生。比起走出辦公室，經過洗衣房再上樓，這種反應似乎比較容易，而且比起花時間想怎樣處理整個情況，這樣反應也比較簡單。但問題是：咆哮怒吼並不管用，也沒有比較輕鬆。這樣不僅讓我喊得喉嚨痛，孩子學到的也只是如何讓我坐在辦公室裡大吼。

太快回應反而很難把事情做好

回應通常行不通。我們太快回應，操之過急，又帶著強烈情緒。在這種狀態下，我們很少能盡全力把事情做好。另外，諷刺的是，我相信在這種情緒下，沒人敢託付我們做什麼。生命中幾乎所有事情，只要我們保持平靜，都可以做得更好。很少事情是我們在暴怒之下還可以做得更好。

那我們為什麼要發脾氣？

會回應是因為焦慮與害怕

我們會回應是因我們對已經發生、正在發生和可能發生的事感到焦慮與害怕。

許多人的回應方式，有如事事皆是危機，原因是長期以來經歷太多危機，對危機的回應已成習慣。

我們會回應，是因為我們認為事情不該如此發生。

我們會回應，是因為覺得自己不夠好。

我們會回應，是因為大多數人都會回應。

我們會回應，是因為我們覺得必須回應。

其實我們不必回應。

我們不必那麼懼怕他人。他們就跟我們沒兩樣。

我們不必拋棄自己的平靜。

那樣其實於事無補。當我們心平氣和時，所擁有的資源與要面對的情況，與混亂抓狂時是全然相同。事實上，當我們平靜時，所擁有的資源更多，因為我們的心思與情緒不受束縛、自由自在，能夠表現出最好的狀態。

我們不需要為了任何人或事，放棄自己思考與感受的權利。

沒人可以要求我們這麼做。

我們看待一切不需如此嚴肅，不管是對自己、事物及他人都是如此。我們對於自己的感受、想法、行動及過錯，總是小題大作，對他人的感受、想法與行動也一樣。我們告訴自己事情很糟、很可怕，簡直是場悲劇或世界末日。很多事情或許被說得很糟、很討厭，但要是真是世界末日，那就是世界末日。感覺很重要，但說穿了也只是感覺。想法很重要，但說穿了也只是想法。我們都會想很多不同的事情，想法也會有所改變。我們所言所行很重要，別人的也很重要，但這個世界並不會只依特定的言行而運轉。若某件事極為重要，得去做或說出來，別擔心，它終究會發生。

打起精神來。給自己與其他人多一些空間去行動、交談、做自己，展露本性。給人生一個機會去發展，也給自己機會享受。

我們不需以他人的行為，來衡量自我價值。

倘若所愛的人選擇表現失當，我們不必覺得不好意思。會有這種反應十分正常，但不必一直感到難堪，除非對方持續行為不當。每個人都要為自己的行為負責。要是有人行為不當，就讓他們自己去難為情。如果你沒有做任何不堪的事，就不需感到難堪。我知道這個觀念很難落實，但一定可以做到的。

我們不需將他人的拒絕，視為是對自己價值的反應。

要是某個對你很重要（或甚至不重要）的人，拒絕你或反對你的選擇，你還是你，價值絲毫未減，與被拒絕前並無二致。去感受被拒絕伴隨而來的感覺，聊聊自己的想法，但不要因為被別人否定自己或自己所做的，就放棄自己的自尊。即使是遭到世上對你而言最重要的人拒絕，你還是你，還是好端端的。要是你做的某件事有欠妥當，或是必須解決問題或改變行為，就採取適當方式照顧自己。但絕不要自我否定，也不要讓別人有如此大的權力否定你。真的不必要。

不要任何事都太在意。

我們會把不必放在心上的事牢記在心。比方對一個酒鬼說：「如果你愛我，就不會喝酒，」這其實就像對患有結核病的人說：「如果你愛我，你就不會咳嗽。」結核病患者會一直咳到接受妥善治療，酗酒的人也會一直喝到接受正確治療。當一個有強迫症的人做了任何他們被迫使、不得不做的事情，他們不是不愛你，而是他們不愛自己。

也不要在意小事情。

要是某人心情不好或動怒，不要假定是與自己有關。或許有關，或許沒關，要是有關，你一定會知道。通常我們以為有關的事，其實都沒什麼關係。

某人心情不好、言語尖酸、人生不順遂、想法負面、有各種問題干擾，這些都不能操控或破壞我們的人生、我們的生活，連一個小時也不行。要是別人不想與我們在一起，或好好過日子，那都跟我們的個人價值無關，而是他們的現狀。藉由練習放手，我們能減少自己對周遭世界做出破壞性的回應。把自己抽離。把事情放在一邊，讓別人做想要做的人。你哪知道這個阻礙、心情、言語、糟糕的一天、想法或問題，不是人生中重要又必要的部分？又怎知眼前的問題最終不會為你或他人帶來福氣？

我們不需回應。我們有別的選擇。此外，每次我們行使自己的權利，選擇如何行動、思考、感受和實踐，我們會感覺越來越好，且愈來愈堅強。

這是你的人生，你要怎麼度過？

你也許會抗議：「可是，我為什麼不該回應？為什麼不回幾句？為什麼不該生氣？他／她活該要承受我的混亂不安。」他們也許該承受，但你自己不該。我們在這裡說的是你所失去的平靜、平和，與虛擲的時刻。誠如有人曾說過的，「這是你的人生」。你想怎樣度過？放手不是為別人，而是為自己。每個人都可能會因此受惠。

我們就像大型合唱團的歌手。要是身旁的人走音，我們也要跟著走音嗎？努力維持音準，不是更能幫助別人及我們自己？我們是能夠學習掌控自己。

我們不需要刪除對他人和問題的回應。回應有時也很有用，能幫我們找出自己的喜好，知道什麼感受很好，並找出自己本身與周遭的問題。但我們之中大多數人都過度反應，而且大部分反應都沒有意義，不僅完全不重要，也不值得我們投入時間和心力。有些我們所做的回應，是針對別人對我們的回應。（我因為他發火而發脾氣；他因為我發脾氣而生氣；我生氣是因為我以為他在生我的氣；他沒生氣，而是因為……而受傷。）

我們的回應可能會像這樣連鎖反應，經常是每個人都在生氣，卻沒人知道原因，反正就只是在生氣。結果就是所有人都失控，也都受牽連。

有時別人會有某種行為，是要刺激我們做出特定回應。要是不隨之起舞，我們便會讓對方沒了樂趣，也能就此脫離掌控，移除別人凌駕於我們之上的權力。

有時回應會限縮我們的視野

有時則是我們的回應刺激別人有特定的回應。我們讓對方合理化某些行為，但其實我們不需這樣，對吧？有時回應會大幅限縮我們的視野，導致我們卡在回應問題的表徵而已。我們可能一直忙於回應，沒時間或餘裕去辨識出真正的問題，更遑論想出解決之道。我們會花好幾年時間在回應某人喝酒及後續危機，卻完全沒留意酗酒才是真正問題！學著不再用沒必要或沒效的方式回應，去除會傷害「你」的回應。

接下來的建議，是要幫助你對別人放手，不要對他們做出傷害性的回應。不過，這些只是建議，放手並沒有明確的規則。你必須找到適合自己的方式。

一、學著察覺出自己何時會回應、何時會容許自己被他人或事情操弄擺布。

通常當你開始感覺焦慮、害怕、憤恨、暴怒、被拒、自憐、丟臉、擔憂或困惑，就是你旁邊的某件事絆住了你。（我並不是說有這些感覺是錯的。任何人都可能有類似感受，差別在於，我們要學會決定想這樣感覺多久，以及怎麼做。）使用「他／她／它讓我覺得」的字眼時，經常表示我們正在回應。無法平心靜氣就可能強烈意味著，我們正陷入某種回應情況。

二、讓自己自在。

當察覺出自己正處於混亂的回應情況時，盡可能少說少做，直到你可以恢復平心靜氣的狀態。盡可能做些什麼，幫助自己放鬆（但不要做傷害自己或他人的行為）。深呼吸幾次；散個步；清理一下廚房；窩在浴室；去朋友家；讀有關靜心的書；到外地度假；看看電視都行。從情緒、心理、（有必要的話）生理上，找方法讓自己抽離正在回應的任何狀況。找個方法紓解自己的焦慮。但別去喝酒或飆車。做點安全無虞的事，幫助自己恢復平衡。

三、檢視發生什麼事。

要是不大要緊，你也許能自己理出頭緒；要是很嚴重，或讓你很困擾，你可能會想和朋友討論，釐清思緒與情緒。我們把麻煩與感受憋在心裡的時候，可是會教人抓狂。說出自己的感受，並為這些感受負責。無論感受為何，徹底去感受，沒人能左右你的感覺。可能之前有人幫助你有特定感受，但你的感受還是來自於自己。

好好面對，然後告訴自己實際發生了什麼事。是有人試圖打擊你？（要是不確定某件事是否該解讀成侮辱或拒絕，我寧可相信與自己無關。這樣不僅能節省時間，也能讓自己感覺比較好。）是你在控制某人或某事？這個問題或議題有多嚴重？你是在為別人扛責任嗎？你生氣是因為有人沒猜到你真正想要什麼或想說什麼？你是否太在意別人的行為？是有人促使你不安或愧疚？真的是世界末日降臨，還是只是失落難過？

四、找出自己該做什麼來照顧自己。

基於現實考量去做決定，並且是平和地做出決定。你需要道歉？想就這樣算了？是否必須找人談心？需要做其他決定來照顧自己？每當做決定時，記住什麼是自己的責任。讓他人「徹底醒悟」或「回歸正途」，並不是你的責任；你要負責的是幫自己徹底醒悟或回歸正途。倘若無法平靜地面對決定，就放下吧。也許做決定的時機還未到，等心情平復，頭腦清楚時再決定怎麼做。

慢下來，不需要覺得很害怕，也不需要覺得抓狂。正確看待事情。讓人生好過一點。

練習照顧自己

1 你是否花太多時間回應旁邊的某個人或某件事情？是對誰或對什麼事？你是如何回應？要是可以選擇，那是你表現或感受的方式嗎？

2 無論是誰或什麼事讓你最煩惱，依照前述步驟，放手。要是需要和人聊聊，找個信得過的朋友，必要時則尋求專業協助。

3 做什麼事情讓你最自在，心情最平靜？（參加聚會、洗熱水澡、看一部好電影和跳跳舞等，都是我的最愛。）

第三章　讓自己自由

放自己一馬，讓上帝出馬

無法放手的人喜歡掌控他人

一般認為，無法放手的人都是控制狂。

我們嘮叨；說教；尖叫；抱怨；哭泣；哀求；賄賂；強逼；猶豫；保護；指責；緊追；逃離；說服他人做或不做某事；企圖引發愧疚感；誘惑；誘騙；查看；表現出自己傷得多重；反過來傷害對方，讓他們也嚐嚐受傷滋味；威脅說要自我傷害；鞭策他人；下最後通牒；為了什麼而做事情；拒絕為了什麼做事情；跺腳；報復；哭訴；發牢騷；洩憤；無助；完全默默承受痛苦；試圖取悅；說謊；鬼鬼祟祟做些什麼，有的大，有的小；想不開，威脅去死；看不開，威脅要發狂；捶打他人胸膛，威脅要殺人。

或者我們會尋求支持者協助；慎選用字遣詞；與他人同床共枕或分房睡；共同養兒育女；討價還價；拉對方去諮商或拒絕去諮商；講話很賤；侮辱；譴責；期許奇蹟出現；為奇蹟付出代價；前往不想去的地方；隨伺在旁；監督；指使；命令；抱怨；針對特定主題寫信，寫信給特定對象；在家等著；外出尋找；到處打電話找人；晚上跑到暗巷，希望能夠看到；晚上追到暗巷，希望能夠逮到；跑到暗巷，希望能夠逃開；領回家；待在家；鎖在門外；搬走；一起住；謾罵；影響對方；提供建議；教訓；矯正；堅持；退讓；撫慰；激怒；試圖令對方嫉妒或畏懼；提醒；詢問；暗示；搜口袋；偷看皮夾；翻梳妝櫃；查看廁所馬桶水箱；試著向前看；翻舊帳；打電話給親戚；講道理；徹底解決爭端；再度喬事情；懲罰；要求回報；幾乎要放棄；更努力嘗試；還有其他手段，我不是忘了，就是還沒試過。

以愛之名行操控之實

我們並非「惹事生非」的人。我們往往只是精力充沛，嘗試硬要讓事情發生。

我們以愛之名去行操控之實。

我們這麼做，是因為「只是試圖幫忙」。
我們這麼做，是因為自己最清楚事情該如何進展，以及他人該如何行動。
我們這麼做，是因為別人是錯的，我們才是對的。
我們控制，是因為害怕不這麼做的後果。
我們這麼做，是因為不知還能怎麼做。
我們這麼做，是為療傷止痛。
我們控制，因為覺得有其必要。
我們控制，因為未經思考。
我們控制，因為這是我們唯一能想到的。
到了最後我們控制，是因為自己總是這麼做。
有人作風強勢，有如暴君，樹立個人權威，以鐵腕控制。他們權力很大，對事物瞭若指掌。凡事他們都會看著辦。
有人則暗自做自己的勾當。他們披著貼心與和善的外衣，私底下則埋頭苦幹，忙著干涉「別人的事」。

也有人嘆息哭泣，承認自己無能，表示依賴他人，宣稱自己是受害者，而且成功地藉由示弱來控制對方。他們是如此無助，非常需要你的配合，不這麼做就活不下去。有時軟弱的人，是最有力量的操控者與掌控者，他們已學會了操縱外界的愧疚與同情。

許多人會結合多種策略，並使用各種方法，只要能見效就好！（或更精確地說，雖然一直希望能奏效，但其實都行不通。）

無論策略為何，目標仍舊不變，就是讓別人做我們想要他們做的事，表現出我們認為他們應有的舉止，不讓他們表現出我們覺得不妥當的行為，可是一旦缺乏我們的「幫助」，很可能還是會表現出行為不當。強行要人生的課題以我們指定的方式、或在指定的時間點展開，而不讓正在發生、或可能發生的事情發生。緊抓不放，絕不放手。劇本是我們所寫，而且我們會看到演員的表演與場景安排，都按照我們先前決定的進行。我們不在意自己一直在抗拒現實。要是我們堅持預先掌握全局，我們（相信）便能阻止人生的波瀾，改造別人，並且將事情改變成我們想要的樣子。

我們是在騙自己

跟你說說瑪利亞的故事。她嫁的男人，後來變成酒鬼，酗酒成性。他並不是每天、每週末或每個月在喝；但要是喝起來，就得注意了。他會連續好幾天喝到茫，有時甚至好幾個禮拜。他每天早上八點開始喝，直到喝到掛，不僅吐得到處都是，重創家中經濟，工作丟了，而且每次喝酒時，便會製造令人無法忍受的混亂。酒醉之間的清醒生活，也好不到哪去。空氣瀰漫著即將到來的災難及懸在心裡的感受。其他尚未解決的問題，還有酗酒留下的影響，讓他們生活一團糟。他們無法防患於未然，動作永遠比災難晚一步。兩個人總是一開始就惡言相向。但對瑪利亞與三個孩子來說，先生不喝酒時有好一點，而他們也總是希望這次會有所不同。

結果每次都一樣。好幾年來，只要瑪利亞稍不留意或離開一陣，先生就會狂飲。例如，她某個週末不在家、去醫院生產、先生到外地出差一段時間，或者為了某個理由離開她的視線，先生就開始喝。

每當瑪利亞回到家，或是不管從哪把喝掛的先生領回，他會立刻戒。瑪利亞便由此歸結，先生清醒的關鍵，便是自己是否在場。只要在家緊盯著他，時時看管著，就能控制他不喝酒（以及酗酒造成的痛苦）。由於找到這種控制方法，也因為日益升高的丟臉、尷尬、焦慮等感受，加上伴隨這些而來的整體創傷，瑪利亞隱居在家。她推掉旅遊的機會，也婉拒參加自己有興趣的活動。甚至若不是到雜貨店採買而離家，便會開始覺得已威脅到自己原先打造的平衡，或自認為打造的平衡。儘管她很有決心，不顧一切努力，先生還是能逮到機會貪杯。有時是趁她在家不注意，有時則是在她不得不在外過夜時，趁機喝酒。

後來有回酗酒極度失控，先生告訴她，實在是家中經濟負擔過重，才逼得他尋求酒精慰藉（不過他卻隻字未提自己酗酒，導致家中財務窘迫）。他提出，要是瑪利亞能找份工作，在經濟上幫忙分擔，壓力能排解，他就能從此滴酒不沾。瑪利亞考慮後勉強答應，但還是害怕離開家，也擔心要如何安排褓姆照顧孩子。她並不覺得自己在情緒或心理上能夠好好工作，而最讓她痛恨的是，先生花錢如流水，沒有責任感，卻要她工作增加收入。但還是值得一試，只要能讓這個男人保持清醒，什麼都好！

瑪利亞不久就找到法務秘書的工作，不但表現不俗，甚至還超乎自己預期。像瑪利亞這樣的人通常都是很優秀的員工，不僅埋頭苦幹、毫無怨言，所做的也比交付的還多；他們會迎合取悅他人，任何要求無一不照單全收，而且會把工作做到完美，或者至少維持一段時間，直到自己很生氣，憤恨不平。

瑪利亞開始對自己有點自信，也樂於與人接觸，這是她過去人生中所欠缺的。她喜歡自己能賺錢的感覺（不過仍然十分厭惡先生花錢不負責任）。另外，她也頗受上司賞識，不但交付更多責任，也即將升她為法務助理。然而，差不多那時，熟悉的不安感再度出現，第六感告訴她，先生又要開始酗酒了。

不安的情緒來來去去好幾天。終於有天她感覺極度強烈，內心糾結，讓人翻絞的焦慮感全力發威。瑪利亞開始打電話給先生，結果他沒在上班的地方，雇主也不知道他在哪裡。接著她打給許多人，沒人知道他的行蹤。整天下來，她啃咬指甲，近乎瘋狂地到處打電話，希望同事沒有看穿她「一切都沒事」的謊言。當她晚上回到家，發現先生不在，也沒去接小孩，一切再度失控。先生又開始酗酒。隔天早上她立刻辭職，而且沒辦完離職就走人了。早上十點，她已經回到家監控先生。

後來她說：「我覺得必須這麼做。一定得讓事情在掌控中，也就是在我的掌控中。」

是誰掌控誰？

但瑪利亞也發現，並不是她在掌控她先生，而是她先生和他的行為掌控了她。

有天晚上，在治療中心帶的家庭團體課中，我又更確認掌控者反被掌控的這一點。（很多我的個案都很聰慧、很睿智。我從傾聽他們的經歷學到許多。）在課程中有位酗酒者妻子對丈夫坦白說出心裡的話（她丈夫結婚後長年酗酒、失業，還坐牢）。

妻子對老公直言：「你說我老是要控制你，我想的確是這樣。我跟你一起去酒吧，這樣你就不會喝太多。你惡言相向，喝酒喝到茫，我還是讓你回家，以免你繼續喝，傷害自己。我會計算你喝了多少，跟你一起喝（但我根本討厭喝酒），把你的酒藏起來。」

「可是，實際上是你一直在控制我。那些從牢裡寄來的信，總是告訴我想聽的承諾與隻字片語。每當我準備要離開你，永遠不再回來，你總能說出對的話，或做出對的事，讓我無法走開。你知道我想聽什麼，就說這些話，但從來就不會改，從沒打算要改，你只想控制我。」

他一面聽一面露出笑容，點頭同意說：「沒錯，我一直在設法掌控你，而且一直還做得挺不錯的。」

一旦我們企圖控制根本不須干涉的他人及事情，就成了被掌控的一方。我們放棄自己的權利，沒有以對自己最有利的方式思考、感覺及行動。我們經常失去控制或失去自我。我們經常反而被控制，不只是被他人掌握，也包括被各種疾病控制，如酗酒、飲食失調及賭癮。酗酒與其他破壞性的失調都具備強大力量，切記，成癮者與其他有問題的人，都是控制專家。當我們想去控制他們或他們的問題，便是遇到勁敵。我們在爭鬥中敗陣，在戰火中失利。我們失去自我，活不出自己的人生。借用某互助支援團體的小語來說：你不是禍首，既無法掌控，也無法療癒。

控制他人是無用的

所以別再試了！當我們嘗試去做不可能的事時，就會變得極度挫折，而且還經常會阻止可能發生的事情。我相信對某人或某事牢牢緊抓不放，或者在特定情況，硬要按自己的意思行事，反而只會讓自己對特定情況、對方或自己，無法做出有建設性的事情。掌控會阻礙別人發展及成長的能力，阻礙事情自然發生，也讓我們無法開心地跟別人相處或過得快活。

控制是種假象，它是沒有用的。我們既無法控制別人，也無法控制別人的強迫性行為，例如暴飲暴食、性成癮、賭博等。我們無法控制任何人的情緒、心思或選擇（這也不干我們的事）。我們無法控制事情的結果，也無法操控生命，而我們有些人甚至無法掌握自己。

人最終還是會做他們想做的事。他們只感覺自己想要感覺（或正在感覺）的；思考他們自己想要思考的；做他們自己覺得必須做的；他們只會有他們準備好之後，才會改變。他們是不是錯的、我們是不是對的，這一點都不重要；他們是不是在傷害自己都不重要；他們是不是願意聽話配合，讓我們來幫助他們，這也不重要。**這些都不重要，不重要，不重要。**

我們無法讓別人改變成我們想要的樣子

我們無法改變別人，所有想掌握別人的意圖都是幻想，也是假象。別人要不反抗我們的努力，要不就是更加倍費心證明，我們是無法控制他們。也許他們會暫時順應我們要求，但只要一不注意，他們就會故態復萌。此外，他們也會因為我們強迫他們做不想做的事，或是成為他們不想要的模樣而懲罰我們。所有掌控都無法持久，或讓另一個人改變成我們想要的樣子。我們有時可以提高他人想要改變的可能，但卻無法全然掛保證或加以控制。

很不幸的，這就是事實。有時這的確難以接受，尤其對方是你所愛的人，而他／她不僅正在傷害自己，也在傷害你。但事實就是如此。你唯一現在或以後能加以改變的人，只有你自己。唯一你必須該插手掌控的人，也是你自己。

放下執著

放手。放下執著。有時我們一這麼做，曾經一直等待與企盼的結果幾乎就會像奇蹟般馬上發生，有時則沒動靜，有時則永遠沒發生。但你會從中受益。你並不需要停止關懷或關愛，不需要容忍對方虐待，不需要捨棄建設性的解決問題方式，如專業協助的介入等；你只需照顧好自己的情緒、心理、精神與生理需求，別管其他人的事。讓他們做自己。你做你該做的決定，照顧好自己，不要一味想掌控他人。**開始照顧你自己！**

許多人會反駁：「但這對我來說十分重要。我無法放手。」

要是這對你如此重要，建議你更該放手

我從我的寶貝兒女口中，聽到放手的智慧之語。有些時候，我最小的兒子尚恩在擁抱我之後，還會繼續緊緊抱著，接著把我弄倒，讓我快摔倒。我會愈來愈沒耐心教他快放開我，並且開始掙脫他。或許他會這麼做，是想讓我在他身邊久一點，也或許這是對我的一種控制。我不曉得。有天晚上，他又抱著我久久不放，女兒看到最後，連她都覺得很煩，有些受不了了。

她說：「尚恩，該放手了。」

對我們每個人來說，都有該放手的時候。當時候到了，你會知道。當你做了所有該做的，便是

時候該放手。處理自己的感受。面對自己失去控制的恐懼。重新掌控自我，負起自己的責任。讓他人做自己。如此一來，你也會讓自己自由。

練習照顧自己

1 你的生命中是否有哪個人或哪件事是你試圖掌握的？為什麼？用文字寫下來。

2 在哪些方面（例如在心理、生理或情緒等方面），你是反被你想操控的人或事情掌控？

3 要是你對當下情況或他人放手，你或另一方會發生什麼事？儘管你使出各種控制手段，事情是否還是會發生？你企圖掌控全局對自己有什麼好處？對他人有什麼好處？你企圖控制事物結果的成效如何？

第四章　不再當受害者

我們是這麼小心謹慎地留意有沒有人受傷，結果唯一受傷的只有自己。

我試圖擺脫自己的共同依賴行為大約一年後，發現還是一直在做會讓自己痛苦的事。我從這裡頭體認到，自己眾多關係會走向破裂，其實與這種模式有關。但我不知道自己正在做的到底是什麼，因此不得不一直做下去。

某天陽光普照，我和朋友走在人行道時，我停下來問他：「共同依賴者會一而再，再而三地做什麼？是什麼讓我們一直都感覺如此難受？」

他想了一會兒才回答：「共同依賴者是照顧者，也就是拯救他人的人。拯救完他人，接著會轉為迫害，最後再變成受害者。妳可以去看一下卡普曼的戲劇三角。」*他所指的「卡普曼戲劇三角」，

*「卡普曼戲劇三角」（Karpman Drama Triangle）是由卡普曼（Stephen B. Karpman）所提出，指每個人在生活中都會不由自主地扮演「迫害者」、「拯救者」或「受害者」，對他人要求苛刻、多所鞭策，隨時伸出援手或是事事逆來順受。而微妙的三角關係之所以戲劇化，是因個人會從一角色跳至另一種，如文中所提，拯救者會因對受害者疲於奔命，化身為迫害者；受害者也會因產生罪惡感，自覺虧欠拯救者，而變成迫害者。

與伴隨而來的拯救者、迫害者，以及受害者角色，皆是卡普曼對個人心理的觀察與研究。

我一時聽不大懂他講的，但回家後拿出幾本早在書櫃裡積灰塵的療癒類書籍研讀。過了一陣子，終於茅塞頓開。我懂了。我感覺自己好像是遠古時代的人發現火一般。

輪流扮演拯救、迫害、受害三種角色

就是如此。這就是我的模式，我們的模式。這就是我們不斷對家人、朋友、熟人、客戶或任何周遭的人所做的事。我們可能做了很多事，但這種模式是我們最常做、也最會做的。這也是我們自己最喜愛的回應模式。

我們是拯救者，也是賦予他人權力的人。誠如一位諮商員所說，我們是全世界最棒的教父教母，不僅順應他人需求，也預期會如此。我們導正、培育，事事操煩。我們要讓事情好轉、解決問題，也隨伺在旁，而且做得非常好。「你的希望就是我的使命」是我們的目標；「你的問題就是我的問題」，便是我們的座右銘。我們是照顧者。

什麼是拯救？

拯救與照顧這兩個詞，聽起來就與實際意思接近。我們將他人從責任中拯救出來，為他人扛起責任。接著我們會因為自己的付出而氣對方，覺得自己被利用，進而自哀自憐。這就是卡普曼三角的固定模式。

拯救和照顧是同義詞，兩者定義都與賦予權力非常相關。「賦權」是諮商治療的術語，意思是以破壞形式提供協助。例如，任何行為有助於酗酒者繼續貪杯，不讓對方承受後果，或任何讓酗酒者更容易繼續飲酒的方式，都算賦權行為。

正如另一位諮商員所說，每當我們為另一個人扛責任，包括這人的想法、感受、選擇、行為、成長、福祉、問題或命運，就是在拯救。以下行為都構成拯救或照顧：

- 即使不想，還是會去做某件事。
- 口是心非。
- 儘管某人有能力、或該這人自己做完的事，我們還是要幫他／她做。
- 未經他人要求，或雙方還未達成共識，就直接滿足他人需求。

- 對於別人所要求的協助，除了應完成的部分，還會做更多。
- 在特定情況下，往往付出比接受還多。
- 處理他人感受。
- 為他人做他們想做的。
- 為他人說話。
- 為他人造成的後果痛苦。
- 為他人解決問題。
- 在共同努力的事情上，比對方更投入，更積極。
- 不問自己想要什麼、需要什麼，以及渴望什麼。

無論何時都在照顧別人，就是在拯救。

當我們拯救或照顧別人時，可能會有以下一種或更多種感受：對他人困境覺得不安又手足無措；急於做某事；惋惜；愧疚；焦慮；聖潔；為那個人或那個問題極度負責；感覺做某事是被逼或遭強迫；有些或非常不願做某件事；比自己「協助」的那個人更有能力；偶爾怨恨自己遭遇這種處境。我們也認為，受自己照顧的那人十分無助，對我們幫忙做的事情無能為力。我們覺得自己暫時是被人需要。

這裡我所指的並非愛、仁慈、同情，以及幫助的行為，這些都是我們的協助被合理地需要、渴望，而我們也願意付出的狀況。這些行為是人生好的部分，但拯救與照顧不是。

照顧他人的行為看起來是要比實際上的友善。需要受照顧的一方必須是欠缺能力，所以我們是在拯救「受害者」，也就是我們認為他們是無法為自己負責的人。雖然我們不想承認，但這些受害者其實是可以照顧自己。通常我們所幫助的受害者只是在「卡普曼戲劇三角」的邊邊徘徊，等我們行動，與他們跳入這個三角。

拯救過後，我們無可避免會再移至三角的另一端：迫害。我們對那個自己這麼慷慨「伸出援手」的人，變得厭惡又憤怒。明明不想做某事，卻還是去做，不是自己的責任，卻還是去扛，忽視自己的需求與想望，因此感到憤恨難平。更糟的是，我們所拯救的可憐蟲，並不心存感激。他／她對我們的奉獻沒有很感激，並未表現出應有的行為。而我們所提的建議，對方甚至不太採用，也不讓我們安撫情緒。某件事怎樣就是行不通，或感覺不對，所以我們摘除自己聖人的光環，改拿惡魔鐵叉。

有時他人並未注意我們的惱怒情緒。或選擇不去注意。有時我們是極力掩飾，有時則會大大發洩怒火，特別是和自己家人一塊。和家人有關的某件事往往會展露出自己「真實」的一面。無論我們是公開發火或加以掩飾，還是部分隱藏自己激動與憤恨情緒，我們都「知道」發生什麼事。

我們所拯救的那個人，大多時候能馬上感覺我們情緒的轉變。他們知道我們要發作了，這剛好是他們用來對我們發火的藉口，輪到「他們」成為迫害的一方。這可能發生於我們動怒前後，也可能同時發生。有時受害者（被拯救者）會回應怒氣，通常是怪我們為其扛起責任，因為這樣就是直接或間接告訴他們，我們覺得他們很無能。不管對方能多大聲為自己辯解，還是很討厭從我們口中或行動得知自己無能。此外，他們痛恨我們指出其無能又發脾氣，形同在先前的傷害上又多加了一層羞辱。

我們其實是傷害自己的共犯

接著就是我們的最後一步。我們直接往最愛的部分前進：成為最底層的受害者。這是拯救的必然結果，可以預期到的，充斥著無助、受傷、哀傷、丟臉與自憐等感受。我們覺得自己又被利用，完全不被感激。我們是如此努力要幫助他人，對他們好。我們哀嘆：「為什麼？為什麼這種事『總是』發生在我身上？」有人踐踏我們的一片好心，重傷我們，因此不禁納悶自己是否永遠都是受害者？有可能，要是我們不改變拯救與照顧的行為。

很多人在人生某個時期，的確是真正的受害者，包括遭人虐待、忽視、拋棄，或者被酗酒／嗑藥者傷害，或是任何使人受害的狀況。我們有時真的對保護自己或解決問題無能為力。某件事情就如此冒出來，也不是我們搞出來的，卻傷害我們極深。這樣實在令人傷心。不過，更令人難過的是，我們很多人開始把自己視為受害者，痛苦的過往一再重演。身為照顧者，我們讓其他人來傷害自己，而且藉由不斷拯救他人，我們也成了傷害自己的共犯。拯救或照顧並非愛的表現。而那個戲劇三角是仇恨三角，不僅促使我們厭惡自己，也阻礙自己對他人的感受。

拯救不是愛的表現

我們所經歷的過程明顯是涵蓋整個三角，輪流扮演著拯救者、迫害者與受害者三種角色。角色與情緒轉換有如我們在讀劇本般，如此確切且緊湊地出現。整個過程我們能幾秒內完成，角色轉換只歷經微幅情緒變化。也有可能我們會花上好幾年，完成三角的各個角色，然後到真的整個爆發。我們一天就能拯救二十幾次，而且許多人是如此。

讓我描述一個拯救的實例。我有朋友嫁給一個酒鬼，不管先生什麼時候喝醉，她總會開車開遍全鎮，號召朋友幫忙，不屈不饒四處尋找，直到找到人為止。她會表現出對先生很體貼、很關心，也很同情（這是開始進行拯救的警訊），直到把他帶回家，睡進被窩，照顧他，幫他醒酒。當先生一躺到床上，情況就變了。她馬上進入迫害模式。她不想讓這男人在她家。她可以料想他接著會有好幾天在哀自己病得很重，無法擔起照顧家裡的責任，而且也會表現得很可憐。他已經太多次都這樣了！

所以，她會先訓斥他，一開始是稍微抨擊，之後火力全開。而他會先暫時忍受妻子迫害，之後則會從無助的受害者，轉為報復的迫害者。妻子這頭的角色則瞬間從迫害者，跌落為受害者角色，覺得自己很可憐、無助、丟臉、絕望。這即是她的人生經歷，讓她滿腹怨言。在她付出這麼多之後，先生怎麼可以這樣對她？為何這種事總是發生在她身上？她覺得自己是受害者，包括當下境遇、先生荒誕行為以及亂糟糟的人生。她從沒想過，她是因為自己和自己行為受害。

再來看另一個拯救的例子。有年夏天，朋友要我帶她去蘋果園。我很有興趣，也約好出發日期。不過在出發前夕，我簡直忙翻了。我打給她沒直說不想去，而是希望能夠延期。我覺得很歉疚，認為自己該為對方感受負責（拯救出現了）。我不能讓她失望，因為我認為她無法處理，無法為自己的感受負責。我無法說實話，擔心她可能生氣，如此就得承擔更多情緒責任，就好像別人的怒火也是自己的事。下個周末馬上到來，而我即使行程更滿，還是硬擠進果園行程。我其實根本不需要蘋果。家裡的冰箱兩櫃全都裝滿蘋果。在我把車停在她家門口之前，我已經轉換為迫害者角色。我心裡滿是憤怒，一路開往果園都情緒緊繃。等到了果園開始品嚐、檢視蘋果，很顯然雙方都不太開心。過了幾分鐘，朋友跟我說：「其實我一點都不想要蘋果。我上禮拜就買了，我來是因為覺得妳想來，我不想壞了妳的興致。」

忙著為他人負責，卻讓自己人生停擺

這只是我在人生中致力於拯救的數千個例子之一。當我開始了解整個過程，終於領悟到，自己花了大半清醒的時間在來回轉換三角各邊的角色，為所有人負責，除了自己。有時候的拯救很大，有時則很小。依著拯救的進行，我的友誼也從建立、持續，到最終破裂。拯救滲透到我與家人及工作客戶的關係，也讓我大部分時間都處於混亂狀態。

兩性關係中若同時兩位都是共同依賴者，則會對彼此造成嚴重傷害。試想在情感關係中雙方都想取悅對方，再試想要是這兩人都不想走下去，會發生什麼。如同一位諮商員所說，他們會做出可怕的事，幾乎是彼此傷害，同時也傷害自己，直到其中一方不再拯救，並表明：「不玩了。」

我們很多時間都在拯救他人，試圖以自己的經驗，證明人定勝天。我經常在碰面交談的頭五分鐘，就能看出對方是不是共同依賴者。他／她要不是未經要求便提供我協助，就是即使和我講話已經明顯感到不自在，想就此打住，還是勉強繼續談下去。他們藉由為他人負責來建立關係，而非為自己。

我們有些人會將所有人的責任往身上攬，結果搞得自己筋疲力竭，以致於可能跳過伴隨拯救行為而來的同情與關切，直接轉為怒氣。我們變得無時無刻不在生氣，對潛在受害者滿腔怒火，憤恨不已。遇到有需要或有問題的人，就會激發我們覺得必須幫忙，否則就會產生愧疚。而拯救過後，則會毫不保留對這種令人難受的困境表現出很不爽。我常看到這種狀況發生在助人的專業人員身上。許多提供專業協助的專家，在多年來拯救他人（付出如此多，相應回報卻如此少）之後，對案主態度是充滿敵意。據一些諮商員表示，他們可能會繼續苦撐，還是不斷「幫助」他人，但通常還是會選擇離職，因為感覺受創嚴重。

我們最大的責任，就是對自己負責

照顧不是幫忙，只會導致問題。一旦我們照顧他人，並做自己不想做的事，便會忽略個人需求、想望及感受。我們會把自己放到一邊。有時太忙著照顧他人，結果讓自己整個人生停擺。許多照顧者不斷被煩擾，過度承諾，對任何活動都提不起勁。照顧者看似盡責，其實不然，我們並未善盡最重大責任，也就是對自己負責。

我們一直都是付出多於獲得，因此就會感覺遭人虐待又被忽視。我們想知道，為何自己能預期他人需求，卻沒有人察覺我們的需要。由於需要未獲滿足，我們可能會變得極度沮喪。不過，真正好的照顧者在付出時是覺得非常自在；而我們是在別人對我們付出，或我們做某事滿足自己的需求時，會心生罪惡感或感覺不自在。有時候，我們可能會把自己鎖在照顧者的角色，要是無法照顧或拯救他人，比方說他人拒絕接受我們的協助，便會感到灰心落寞，覺得遭到排斥。

最糟糕的照顧層面，就是我們淪為受害者，或一直處於受害狀態。我相信許多嚴重自我毀滅性的行為，包括濫用藥物、飲食失調與性失調，便是透過受害者角色發展而來。一旦成為受害者，便會招來迫害者。這時我們相信自己很無助，需要有人照顧。有些照顧者最終會自己找到某人或某個機構，需要對方提供生理、心理、經濟或情緒上的照顧。

你可能會問，為什麼看似理性的人會選擇拯救？原因很多。我們絕大多數人甚至不知道自己在做什麼。我們真的相信自己是在幫助他人。有些人則相信，自己必須伸出援手。我們對什麼是幫忙，什麼不是幫忙是混淆不清的。

許多人深信，拯救就是慈愛的表現，甚至可能認為某些行為很殘忍無情，比方說，讓他人獨自應對或面對實際感覺、承受後果、聽到「不行」而大失所望、被要求回應我們的需要與渴望，或是要他／她在這世上為自己負責。他們不在意自己肯定會因去「幫忙」付出代價。而這個代價是很可怕的，或者比他們可能面對的任何情緒還更嚴重。

很多人並不了解自己該負責的是哪些，哪些又不必插手。要是某人有了問題，我們可能以為自己要趕快行動，因為我們有責任這麼做。有時候，我們卻很厭惡得負起這麼多責任，便乾脆推諉一切，變得完全不負責。

拯救是因為自我價值低落

然而，在拯救的核心中，最可怕之處乃在於自我價值低落。我們之所以拯救，是因為覺得自己不夠好。儘管這些感受很表面且稍縱即逝，但照顧別人讓我們暫時感覺很不錯、提升了自我價值，並掌握權力。就像喝酒讓酗酒者瞬間覺得好過，拯救的行為也瞬間讓我們分心，感覺不到做自己的苦痛。我們不覺得自己受人喜愛，所以便轉為被人需要。我們覺得自己不夠好，所以便強迫自己做某一件事，證明自己夠好。

此外，我們會拯救，也因為覺得別人不夠好。有時有理由，有時則是沒來由，我們認為他人就是無法對自己負責。這點聽起來似乎沒錯，但卻並非事實。一個人除非腦部損傷、肢體嚴重損害，或是嬰孩，不然每個人都能為自己負責。

有時候我們會拯救，是因為比起面對他人未能解決的問題所帶來的不自在與尷尬，直接拯救還更容易。我們一直都沒學會說：「真遺憾你遇到這個問題。需要我的幫忙嗎？」卻常說：「我來『幫』你。」

我們有些人打從孩提時代就是照顧者，也許因為同住一個屋簷下的父母酗酒，或有其他家庭問題，而被迫擔任照顧者。有些人則較晚成為照顧者，可能另一半是有成癮的問題，或是對方拒絕照顧自己，也或者對方看起來無法照顧自己。於是，我們決定以自己能做到的最好方式來處理，另一方面也為了生存，我們直接收拾殘局，擔起他人的責任。

很多人則是在其他方面被教導成為照顧者。或許是被某人呼嚨，而我們也相信，例如不要自私、永遠心存寬容、幫助他人、永遠不要傷害他人感情（因為是我們「決定別人感受」）、從不說「不」，以及不提個人的需求，因為這麼做不禮貌。

我們可能一直被教導要為他人負責，而不必為自己負責。有些女性則是被教導，理想的好妻子和好媽媽都是照顧者。她們被期待與被要求去照顧他人。有些男人也認為，好丈夫與好爸爸都是照顧者，是家中的超級英雄，能滿足每位家庭成員的需求。

有時候在照顧嬰孩或幼童時，也會出現類似「照顧者」的行為狀態。照顧孩子時，會需要大人放棄自己的需求、做不想做的事、壓抑個人的感受與慾望（比方說，在凌晨四點餵奶，通常只是要滿足小貝比的需求），並且完全承擔別人的責任。但是這裡講的照顧孩童並非拯救，這種責任屬於天職，而非我要說的照顧。然而，要是照顧小孩的人沒有照顧好自己，便可能會開始感到憂鬱。

讓自己去依附別人，卻與自己脫節

有些人則會將宗教信仰解讀為照顧他人的使命。我們被教導，要樂於奉獻，再多付出一些，愛鄰如愛己。我們非常努力，努力到太過頭，接著就不禁納悶，自己出了什麼問題，為什麼宗教力量不管用，自己的人生也不順遂。

宗教的力量夠管用，你的人生也行得通，而拯救是沒有用的。我有個朋友觀察後指出，「這其實就像用掃把抓蝴蝶」。拯救只會讓我們每次都困惑不解。拯救其實是一種自我毀滅的回應，是另一種讓自己去依附他人、卻與自己脫節的方式。這也是另一種我們企圖控制的方式，但卻會反遭人掌控。而照顧是種不健康的關係，有時雙方都是成人，願意這麼做，有時則是成人和小孩之間。照顧會產生憤怒。照顧者會變成憤怒的家長、朋友或愛人。我們要不本來就是無助又憤怒的受害者，要不也會變成這樣。於是，照顧者成了受害者。

我們大都聽過聖經中關於馬利亞與馬大的故事。馬利亞坐著和耶穌及祂朋友說話，馬大則在旁邊打掃又煮飯。沒多久，馬大開始敲打鍋子，指責馬利亞懶惰，並抱怨她在那裡悠哉享受，而自己卻什麼都得做。這聽起來是不是很熟悉？耶穌趁這個機會要馬大冷靜下來，祂告訴馬大說，馬利亞知道什麼是重要的，並做出明智決定。

耶穌要傳達的，可能是馬利亞做了正確的決定，因為跟別人在一起共度時光，比煮飯打掃更重要。但我認為這當中訊息也包含了為自己的抉擇負責，做我們自己想做的事，並了解當我們無法做想做的事，會有多生氣。也許馬利亞的選擇是對的，因為她做的正是自己想要做的。耶穌幫過許多人，但對於這點祂是真誠而坦然的。祂幫忙之後並不會去迫害對方，而且會問，自己還能提供什麼協助。有時候祂也會問要幫助的原因。祂認為每個人要對自己的行為負責。

我認為照顧與聖經上對於奉獻、關愛與幫助的訊息完全不一樣。聖經上並未提到，我們被教導為他人做事之後，再挖出對方眼珠；也沒教我們與某人多走幾哩路後，搶了對方拐杖，然後痛打對方。關心別人與付出，都是很好的正面特質，是我們必須去做的事，但許多人，卻誤解為是要「不斷付出，直到感到受傷為止」。即使受到傷害之後許久，我們還是會持續付出，通常直到倍感痛楚為止。付出是好的，但不需一直奉獻，保留一些給自己並不要緊。

我相信上天希望我們助人，分享自己的時間、才能與財力，但我也相信，祂要我們付出時是保有高度自信。我認為，唯有對自己、自己的所作所為，以及我們所付出的對方，都能感覺良好，慷慨仁慈的行為才算慷慨仁慈。我想上帝就在我們每個人心中，會與我們每個人說話。要是我們對自己在做的事，真的感覺不好，那麼無論正在做的事情有多慈善，我們都不該做。此外，我們也不應該為那些應該自己做、而且有能力可以自己做的人做事情。其他人並不是沒有能力。我們也不是沒有能力。

「上帝教我們要為了別人，付出自己生命。」有位牧師這麼說。「但我並不認為祂要人以不健康的方式，依照聖經的字面意思來為人處世。」

我們對自己最仁慈的事，就是不讓自己成為受害者

付出、為他人做事或與他人共事，皆是健康生活與健康關係的重要部分，但學會何時不要付出、不要妥協，何時不要為他人做事或與他人共事，也是健康生活與關係的重要部分。去照顧那些利用我們逃避責任的人並不好，這樣做不僅會傷害他們，也傷害我們。幫助與傷害他人、有益的付出與有害的付出僅僅一線之隔，我們是能學習如何分辨。

照顧是種行為，也是種態度。對我們有些人來說，照顧已是扮演某種角色，是我們對整個人生及周遭所有人的相處模式。我認為，照顧與壯烈犧牲（是很多人常會有的狀況），和取悅他人（另一項會被指出的罪名）非常相關。據諮商員所說，烈士的心態其實是「把事情搞砸」。我們為了某些不需要犧牲的莫名原因，必須不斷犧牲自己與他人快樂。而取悅者則無法取信於人。而且做為照顧者，我們並沒有照顧自己。

教人欣慰的是，照顧在好的一面是一種學習，讓我們了解什麼是照顧，以及我們什麼時候要去照顧，這樣我們就能不再一味付出。

我們能學會分辨什麼是拯救。**拒絕去拯救，也拒絕讓別人拯救我們**。讓我們為自己負責，也讓

他人為自己負責。不管我們是否改變態度、處境、行為或想法，我們對自己最仁慈的事，就是不讓自己成為受害者。

練習照顧自己

1 這個練習也許會花點時間，但如果照顧是你的問題，這對你將是個突破性的經驗。在一張紙上，詳細寫下所有你認為是自己的責任，包括工作上的投入、對孩子、對朋友、對配偶或伴侶的責任。接著，仔細列出你的生活中有哪些屬於他人的責任。倘若是與人共同分擔的責任，則列出你認為每個人應分擔的適當比例。

比方說，如果是你的配偶外出工作，而你選擇在家打理並兼職，那麼就列出你應該承擔家中經濟多少百分比，以及另一半應該做多少家事的百分比。你可能會相當訝異自己負擔的責任，多得不成比例，你讓別人負擔的責任少得可憐。也可能你發現自己老在忙別人的事，卻一直忽視自己的真正責任。

2 弄清楚卡普曼戲劇三角是什麼，以及你自己在生活中如何經歷各個階段。當你發現自己在拯救時，要留意所扮演的角色及情緒轉換。當你發現自己感到憤恨或遭人利用時，想想自己是如何拯救他人。可以來練習以下非拯救的行為：

當你想說不時，就說不。

做你自己想做的事。

拒絕猜測他人想要與需要什麼，並堅持要別人直接表明，他們想要和需要你做什麼。

開始直接問自己想要與需要什麼。

拒絕承擔別人的責任。

一旦你開始停止照顧他人，那些已經習慣有你照顧的人，可能會生氣或沮喪，因為你已經改變規則，打破現狀。這表示他們得自己多做一點，而且不能再利用你。向他們解釋你在做什麼，並讓他們為自己的感受負責。他們之後可能還會因此感謝你，甚至可能讓你大吃一驚，因為有時我們認為最無法照顧自己的人，在我們不再照顧後，反而可以照顧好自己。

第五章　擺脫依附

我們內在的脆弱小孩

「我十分獨立自主，只要我有固定的交往對象。」一位女警這麼說。她曾和幾位情緒有問題的男人在一起。

「我先生成天攤在沙發上，喝個爛醉，十年來沒拿過錢回家。」另一位任職於大型人力服務機構的女主管說。她問：「誰要這種爛咖？」接著自問自答：「我要，但為什麼？是什麼原因？」

有天下午，一位最近加入戒酒無名會家屬團體的女人打給我。這位已婚婦女擔任兼差護士，扛起家中所有重擔，不僅撫養兩個小孩，也料理大小家務，包括修繕與財務支出。她啜泣道：「我想離開我先生，我再也受不了這個人和他的虐待了。」但她說：「可是，請告訴我，妳覺得我能照顧自己嗎？」

儘管敘述的內容各不相同，但想法都差不多。「我和這個人在一起並不開心，但我覺得自己離不開他／她。我知道每個人都必須面對或一直逃避這個：我們最終還是得自己負責照顧自己。但基於某個原因，我覺得自己無法做到。我不相信我能照顧自己，也不確定會想這麼做。我需要某個人或任何人，減緩孤獨的衝擊。不管要付出什麼代價，我都願意。」

道林在《獨立女性：打開你心中灰姑娘的情節》*一書中，談到這種思考模式。羅夏諾夫也在《為何沒了男人，我就一無是處？》*討論過，我自己也談過好幾次。

無論我們看起來有多脆弱無助，或是多堅強，我們絕大多數都是會害怕、匱乏又脆弱的小孩，一方面在承受著苦痛，一方面極度渴望受人呵護和關愛。

我們內在的小孩認為，自己不可愛，永遠無法找到所尋的慰藉。有時這個脆弱小孩又太過渴求。別人在生理上與情緒上拋棄我們，拒絕、虐待我們，讓我們感到失望。別人從沒有在我們身旁支持我們，也沒看到、沒聽到或是不回應我們的需求。我們可能因此相信，永遠不會有人在後面支

*《獨立女性：打開你心中灰姑娘的情節》（Cinderella Complex），道林（Colette Dowling）著。書中提到女人習慣對獨立懷有恐懼，因此不願意走出去，而是被動等待外界的人或事來改變生活。心理學家將這種缺乏自信、害怕獨立，尋求依靠的庇護傾向，稱為「灰姑娘情節」。

*《為何沒了男人，我就一無是處？》（Why Do I Think I'm Nothing Without a Man?），羅夏諾夫（Penelope Russianoff）著。

持我們。就許多人來說，甚至是上天，似乎也都離棄我們。

我們曾陪伴在這麼多人身旁過。我們多數也渴望，最終會有人陪在身旁。我們需要某個人，或是任何人，把我們從全然孤獨、疏離及痛苦中拯救出來。我們需要某些好的特質，但我們內在卻沒有。我們只有痛苦。我們感覺如此無助又不安，他人卻看起來如此篤定又有力量，我們便由此歸結：他們內在一定有特別的力量。

因此，我們就想依賴他人。我們變得依賴愛人、配偶、朋友、父母或子女，依賴他們的認同、他們的存在，以及他們對我們的需求。我們也依賴他們的愛，儘管我們相信自己永遠都得不到。我們相信自己是不討人喜愛，也沒有人會以我們所需的方式來愛我們。

我的意思並不是我們這些人是怪咖，只因為我們想要、也需要愛與認同。絕大多數人都想要愛，想要生命中有個特別的人存在，而且想要也需要朋友，想要生命中有人來愛自己、肯定自己。這些都是自然、健康的渴望。大多數人的人際關係都會有某種程度的情緒依賴，即便是健康的關係亦然。但多數的男女並非單純想要與需要他人，而是我們「要」他人，我們有可能被這種需求驅使著、操控著。

過度需要他人，會蒙蔽了自己

過度需要他人會產生問題。他人會成為我們快樂的關鍵。我認為，過度以他人為中心，會讓我們生活繞著他人轉，讓我們情緒失衡。我相信我們執著於不斷尋求他人認可，大多也是出於內心缺乏安全感。我們以為魔力在他人身上，而非自己，他人感覺良好，但我們卻不然。我們愈少在自身找到好的特質，就愈想從別人身上尋找。別人一應俱全，我們卻一無所有。我們的存在不重要。我們一直都常遭人忽視、遺棄，頻繁到連我們都放棄自己。

我們一方面如此需要他人，一方面又覺得自己不值得人愛，他人永遠不會願意在我們身旁，久而久之便成為根深蒂固的觀念。有時我們以為他人沒在旁支持，其實一直都在。我們的需要可能會蒙蔽了我們，讓我們察覺不到身旁的愛。

有時候，則是沒有人以我們需要的方式在旁支持，沒有人對我們包容、照顧、讓我們開心、感覺人生圓滿又有安全感。

許多人對他人期待與需要如此之深，以致於很沒有安全感。我們可能會對本身有問題的人產生依賴，如成癮者或有其他問題的人；我們可能依賴自己並不特別喜歡或愛的人。有時我們則是太需要他人，變得幾乎不挑，誰都可以。我們可能需要並不能滿足我們需求的人。因此我們會再次發現自己需要他人在旁支持時，我們選擇的人，既無法在身旁，也不會這麼做。

我們可能甚至會說服自己，少了某人就活不下去，要是生命中沒有某人，我們就會凋零死去。假如那人有嚴重問題，我們就可能會任其為所欲為、發瘋鬧事，好讓他／她留在自己身邊，以免自己情緒失衡。我們的需求之大，讓我們更沒有安全感，甚至降低期望，低於我們在正常關係中應有的期待，然後身陷其中，無法抽身。

瓦歐提茲在《共同依賴行為：一個新出現的議題》*一書中，有一篇寫道：

> ……兩人世界已不再是亞瑟王的聖城卡米洛*，甚至兩方不是對等的。這樣扭曲的關係令人費解。我之所以還留在他身邊，是因為……「他不會打我。」「她不會四處亂跑。」「起碼他還有工作。」試想對我們一般人理所當然的作為，還要表揚嘉獎是怎樣。即便情況糟到不能再糟，對方真的動粗，真的闖禍，真的丟了工作，儘管這些全都發生，你還是會說：「但我愛他／她！」而當我問：「告訴我，是哪點值得你愛？」卻又答不上來。雖然沒答案，但為情所困的力量比理性的力量還強大。

沒有安全感會讓人走入陷阱

我不是說所有親密關係，都是基於缺乏安全感與依賴。的確愛的力量會凌駕於常理，也或許這就是事情會這樣的原因。當然，要是我們愛某個有問題的人，想要黏著這人，就該繼續愛下去，但情緒上缺乏安全感所產生的驅使力量，也會變得大過理性或愛的力量。沒有以自己為核心，對自己沒有安全感，很可能會讓我們走入陷阱。我們可能會害怕中止了無生氣和具傷害性的感情關係，也或許會容許他人傷害我們，但這些從來就不是我們最好的選擇。

覺得卡在其中的人都在尋找出口。覺得卡在一段關係中的人，可能會開始計劃離開。有時我們的離開方式是正向健康，會讓自己逐步在經濟與情緒上擺脫依附。「擺脫依附」一詞，是羅夏諾夫在書中所提，用來形容理想的平衡狀態，在這個平衡狀態中，我們承認自己需要他人與愛，並滿足這種自然健康的需求，但不會過度依賴或有傷害性地依賴別人。

---

*《共同依賴行為：一個新出現的議題》（Co-dependency, An Emerging Issue），瓦歐提茲（Janet Geringer Woititz）著。

*卡米洛（Camlot）為亞瑟王處於黃金時代的象徵。不僅本身金碧輝煌，也是當時政治權力中心，令各方英雄心生嚮往。另作為亞瑟王最愛家園，且父親曾大舉屠殺巫師，該城可謂堅強不摧，又不容邪惡力量侵犯。

我們可以回學校進修、去工作，或設定目標，這些都會為自己帶來自由。當我們覺得深陷絕境已難以忍受，便常會開始設定目標。然而，有些人卻籌畫破壞性的逃脫。我們可能嘗試喝酒或用藥物來逃離我們的牢籠，也可能變為工作狂，或是可能另尋依附者，但這人卻與我們企圖逃開的人很像，例如另一位有問題的人。許多人開始想要輕生。對有些人來說，要走出這個極度痛苦的處境，了結生命似乎是唯一出路。

情緒上依賴與感覺深陷其中，對還可挽救的關係也會產生問題。如果我們現在所處的關係還不錯，可能會因為缺乏安全感，而無法放手，不能好好照顧自己。我們可能會勒死自己，嚇走其他人，或使對方喘不過氣。對他人來說，這麼強大的需要太明顯了，完全能感受得到。

過度需要會讓愛窒息

過度依賴某人到了最後還是會扼殺愛情。各種奠基於情緒上的不安全感與需要、而非愛的關係，往往會變成自我毀滅。這樣是行不通的。過度的需要會趕跑對方，讓愛窒息，嚇走對方，招來不適合的人靠近。結果真正的需要無法被滿足。真正的需要會愈來愈多，失望也愈來愈大。我們以某人為生活中心，試圖保護自己安全感與快樂的泉源。我們為此放棄人生，而且還會對對方動怒。我們被對方所掌控，依附著對方，最後就會對自己依賴與受制的人事物又氣又恨，因為我們將自己的力量與權利，全都交給對方。

感到絕望或依附他人也會讓我們暴露於其他風險。要是我們讓自己絕望的部分做決定，可能一不小心就讓自己置身危險的處境，例如有感染疱疹或愛滋等性傳染病的風險。在親密關係中，成為如此需要他人的一方，實在不安全。

有時，我們可能對自己耍些手段，以掩飾自己的依賴。根據道林的說法，有些小手段是過度吹捧對方（如「他真是天才，所以我才一直黏著他」），有的則是輕視對方（如「男人都是長不大的孩子，無法照顧自己」）；而其中我們最愛的一招，便是照顧對方。道林在《獨立女性：打開你心中灰姑娘的情節》一書，詳述了這些特質，並引述瑪德蓮的案例。她斬斷與酗酒丈夫曼尼的關係，才讓自己解脫。

依附個性的最終手段，就是認為自己有責任「照顧」對方。瑪德蓮總覺得要為曼尼的死活負責，而不是經營好自己的生活。只要她把焦點放在曼尼身上，他的被動、猶豫不決與其他問題便一一浮現，她會用盡心力為他或為「彼此」想出解決辦法，但從未檢視自己內心的需要。

這也是為什麼，她足足花了二十二年才體認到，要是一直這樣下去，她只是在欺騙自己，最後也虛度人生。

……從十八歲到四十歲，一般人應該已經歷不少，有所成長，且見過世面，而瑪德蓮卻在原處打轉，假裝人生並不是如現實這般不堪，先生很快就會回歸正途，她也總有一天自己能解脫，平靜又有活力地過好自己的人生。

二十二年來，她一直無法接受如果戳破這個謊言會怎麼樣。因此一來不想傷害任何人，二來她太畏懼真正去過生活。她不願面對現實。

表面看起來很戲劇化，但從根本看，瑪德蓮的故事並非特例。她硬著頭皮過日子，看起來沒有能力解脫，或從沒想過要從已經枯竭的關係中解脫，這些無助的訊息，都是心理學上依賴他人的女人所擁有特質。

為什麼我們要這樣對自己？

為什麼我們要這樣對自己？為什麼我們會如此沒自信又脆弱，使自己無法好好過生活？單從我們許多人一路忍耐熬過來，就能證明我們是多堅強並有能力，但為什麼就不能相信自己？照顧周遭所有人，我們是專家，但為何還懷疑照顧自己的能力？我們到底怎麼了？

許多人會這樣，是因為在孩提時期，某個對我們很重要的人無法給予我們所需的愛、認同與情緒上的安全感，因此我們一直盡力過好人生，但還是茫然地、渴望地尋找某些我們從未擁有的東西。有些人則是屢次碰壁仍不死心，試圖從無法給我們所需要的人身上得到愛。這種惡性循環要一直到被阻止或終止才會結束。

也許我們被教導不要相信自己，這種情況會發生在當我們有感受，別人卻說這是錯的或不太好的時候。或者，當我們面對謊言或矛盾時，他人會說是我們瘋了。我們因此對個人深沉、最重要的部分（這個部分的我們能有正確的感受、意識到真實狀況，且有信心處理人生各式處境），也失去信念。過不了多久，我們會相信別人對我們的評語，例如是自己太閒散、有點瘋癲、無法信任。這時我們環顧周遭的人，這些有時是生病、有問題或失控的人，我們會想：「他們沒什麼問題。他們絕對沒問題。他們是這樣說的，所以有問題的是我。我一定是哪裡出了問題。」我們放棄自己，並對照顧自己的能力失去信心。

有些女人則被教導要會依賴，生活必需繞著他人轉，並受人照顧。即便從女性解放運動以來，許多女性內心深處都害怕獨自一人。其實不只女人，許多人也害怕獨處與照顧自己。這是人性的一部分。

有些人也許過去在進入一段關係時，並未缺乏安全感，只發覺自己是與成癮者談感情。最快破壞情緒上安全感的，莫過於愛上成癮者或其他強迫症患者。這些疾病驅使我們以他人為生活中心。困惑、混亂與絕望主宰了一切。即便是最健康的人，與有問題的人一同生活後，可能也會開始質疑自己。需求於是無法被滿足，愛也消失殆盡。而一旦需求變大，自我懷疑也會隨之增加。成癮會讓人情緒缺乏安全感，也讓我們成為受害者，包括對方與我們都一樣，而且我們會懷疑照顧自己的能力。

不管人生帶來的是什麼，我們都能面對

無論原因為何，若是我們判定自己是無法照顧自己，那這裡有個好消息。本書的主旨就是要鼓勵大家開始照顧自己。而本章的目的，就是告訴大家，我們可以照顧自己，並非無能為力。做自己與為自己負責並不需要如此痛苦和畏懼。不管人生帶來的是什麼，我們都能夠處理，不必需要如此依賴旁邊的人。我們與他人並非連體嬰，不必非得要某個人才能生活得下去。誠如有位女性

所說：「好幾年來我一直告訴自己，沒有某個人，就活不下去。但我錯了。我結過四次婚，他們都走了，可是我還活得好好的。」了解沒有某人，我們照樣能生活，並不表示我們得不跟某人生活，而是或許能用行得通的方式，讓我們自由去愛，自由生活。

現在，讓我告訴大家「其他」的好消息。要擺脫依附，其實並沒有什麼神奇、簡單、一蹴可幾的方法。

情緒上的安全感與目前沒有安全感的程度，都是我們做決定時，必須牢記的深入議題。有時候，我們是在情緒上和經濟上依賴對方，那麼要面對的就是這兩大問題，這兩者可能相互連結，也可能沒有關連。不管是哪個都不容小覷，需要仔細考量。我所說的或我們的期盼，都不會減弱事實的現實程度。要是在經濟或情緒上依賴他人，而事實也的確如此的話，那就必須接受，並加以考量。但我相信我們是可以努力降低依賴，而且只要我們願意，是可以擺脫依賴。

以下我列舉出可能有幫助的方法：

一、盡可能告別童年發生過的事情。發洩悲傷。有自己的觀點。想想我們童年發生的事情，是如何影響現在的自己。

一個曾和兩位酗酒者談戀愛的個案，告訴我她的故事。她父親在她五歲時離家，而還在家的五年，也大多喝個爛醉。儘管兩人住在同一個城市，父親搬走後，父女倆就很少見面。父母離婚後，父親來看過她幾次，但只是維持表面的父女關係。長大後，她偶爾會打電話給父親，通知他自己的一些人生大事，包括高中畢業、步入禮堂、迎接第一個小孩、離婚、再婚、再度懷孕等。每次打過去，父親會講個五分鐘，會說以後去看她，然後便掛斷。

她表示，這不會讓她特別生氣或受傷，因為她早料到父親會如此反應。她需要父親的時候，他都不在身邊，也永遠不會。他並未參與父女之間的關係。從他身上得不到愛，什麼都得不到。但這就是人生現實，不會讓她特別難過。她真的認命了，也認為自己面對了父親的酗酒，並處理當中問題。父女關係就這樣持續多年，而她自己也持續與酗酒者交往。

當她最近處於離婚低潮，有天晚上電話響起，是父親打來。有史以來他頭一次撥過來。她說，當時她的心臟砰砰亂跳，幾乎就要跳出來。父親詢問她與家人近況，而這個問題過去他總是避而不談。她其實很想告訴父親，自己已經離婚（她一直想向父親哭訴，得到安慰）。正當遲疑該不該這麼做時，父親開始啜泣說，自己如何被鎖在精神病房，簡直毫無人權可言，這不公平，她能不能幫幫他？她很快三言兩語帶過，掛上電話，接著坐在地上大聲痛哭。

「我還記得自己坐在地上大哭：『你從來都不在。從來沒有。現在我需要你。就這麼一次讓自己需要你，結果你還是缺席。而且，還要我去照顧你。』」

「哭完後，說也奇怪，我居然感覺出奇平靜。」她說。「我想這是第一次我讓自己悲傷，或對父親生氣。接下來幾個星期，我開始能夠了解，真正的了解。他當然從來沒在我身邊。他酗酒，從來就沒在任何人身邊，連他自己也沒有。我也開始體悟到，自己外表堅強，但內心卻感覺沒人愛，非常沒人愛。在我心裡某處，我幻想自己有個慈愛的父親，但他離開了我（拒絕我），是因為我不夠好。我某些地方有問題。現在我總算知道事實為何。不是我不討人喜歡，也不是我把事情搞砸（儘管我知道自己也有問題）。而是他。」

「在那之後，我覺得自己有了改變，」她說，「我不再需要酗酒者愛我。那個事實讓我徹底自由了。」

在此我並不是要說，這個女人的所有問題，在她悲傷過後、或意識到事實真相後，就全部迎刃而解。她可能還有更多的悲傷要發洩，也還需要處理依附的特質。但我相信之前發生的事情幫助了她。

二、培育和寶貝我們內在那個害怕、脆弱又有需要的小孩。無論我們是多麼自給自足，這個小孩永遠不會全然消失。壓力可能會讓這個小孩在那裡哭喊、嚷嚷。雖然沒有特別去刺激，但這小

孩可能在不經意時，突然冒出來，要人關心。

有天我做了一個跟這有關的夢，我想剛好可以用來說明。夢中有個小女孩，大約九歲，被媽媽獨自丟在家好幾天。由於家裡沒大人，小孩深夜還在社區四處閒逛。她沒有惹什麼麻煩，而是像在找東西，設法殺時間。一到晚上，她就不想獨自待在家，因為那種孤獨太可怕了。當她媽媽終於回來時，鄰居過來抱怨小孩到處亂跑，無人看管。媽媽一聽勃然大怒，開始罵小孩不乖。「我說我不在時妳要待在家裡，叫妳不要闖禍，有吧？」媽媽大喊。小孩沒回話，甚至沒掉淚，只是站在那低垂雙眼，默默地說：「我覺得肚子痛。」

別打那個脆弱的小孩，當他／她感到害怕，不想一個人待在黑暗裡的時候。我們不必讓內在小孩為我們做決定，但也別忽視這小孩的存在。傾聽內在小孩在說什麼。要是有需要，就讓他／她哭出來。安慰這個內在小孩，找出他們的需求。

三、別再從他人身上找尋快樂。我們快樂與幸福的泉源並非來自其他人，而是在於自己。學習以自己為生活中心。

別再以他人為中心，別再只關注他人。安身立命在自己身上。別再從他人身上尋求如此多的認同與肯定。我們不需要所有人或任何人的認可，只需要自己的肯定。我們和其他人一樣，都能從自己內在尋求快樂，做出決定。找到自己內在平和、健康與自尊的來源，好好發展。感情能有幫助，但卻無法成為一切快樂和幸福的來源。從內在找到個人情緒安定的根本吧。

四、我們能學習仰賴自己。或許他人一直不在身旁，但我們能開始在自己身旁。

別放棄自己，別放棄自己的需求、想望、感受、生活，以及關於自己的一切。對自己承諾，我們會永遠在自己身旁。我們能相信自己。我們能應對及處理人生迎面而來的事件、問題與感受。我們能相信自己的感受和判斷，並解決自己的問題，也能學會如何與無法解決的問題共處。我們必須相信自己所依賴的人——也就是我們自己。

五、我們也能仰賴上天。祂一直都在，且很關心。我們精神上的信念能提供我們強烈的安定感。

讓我說明一下這點。我住的社區很偏僻，有天晚上必須走到家後面的小巷，才能到車上。我要老公從二樓窗戶留意我是否平安，他也答應。當我穿越後院，遠離家的安全範圍，獨自進入暗夜時，便開始感到害怕。我轉身望向房子，看到老公在窗邊，他就在那看著我，一直待著。剛才的恐懼頓時消失，我感到寬慰又安全。這讓我想到相信上天，得知祂總會看著我的人生，讓我也同樣覺得寬慰與安全。我努力指望的就是這種安全感。

有些人開始相信上天已經背離我們。我們有這麼多痛苦，這麼多祈求都沒得到回應，有時可能長期都會哭喊：「老天爺到哪裡去了？祂為何不在？為何讓這樣的事情發生？為何不願幫忙？為何要拋棄我？」

上天並未拋棄我們，是我們拋棄自己。祂一直都在，也十分關心。但祂期望我們能與祂一起照顧我們自己。

六、努力「擺脫依附」。開始檢視我們是如何在情緒上與經濟上依賴別人。

不管我們是想繼續維持一段關係，或想結束一段關係，總之，開始照顧自己。在《獨立女性》一書中，作者提出，照顧自己時，要採取「勇敢的脆弱」的態度。言下之意就是，雖然你感到害怕，但無論如何還是咬牙去做。

我們能感知到自己的感受，談論自己的恐懼，接受自己與現狀，然後開始邁向「擺脫依附」的旅程。我們可以做到的。我們不必時時刻刻都要堅強起來，表現出獨立自主與照顧自己。我們其實可以感覺害怕、軟弱，甚至絕望，以後也可以。這是很稀鬆平常，甚至是很健康的。真正的力量來自於感覺自己感受，而非來自全然忽視。真正的力量，並非來自永遠假裝堅強，而是必要時承認個人也有弱點與脆弱。

我們許多人都有人生黑暗期的時候，都有孤獨、不確定感，而且承受著需求與想望無法被滿足以及一直被忽略的痛苦。有時道路濕滑又霧氣重重，我們看不到希望，感受到的只有恐懼，而目光所及也全是黑暗一片。我曾在這樣的夜晚開車。我本身不愛開車，尤其遇上這種壞天氣，更是不愛。我在駕駛座上全身僵硬又恐懼不安，幾乎什麼都看不到，車前燈頂多也只能照到路上幾英尺。我幾乎什麼都看不見，而且開始感到恐慌。什麼事都有可能發生！接著，心中突然浮現出一個讓人安靜下來的念頭：雖然這條路只有幾英尺有照明，但每當前進幾英尺，就又會有新的路段有燈光。看不看得到遠方並不要緊。要是我能放輕鬆，想要看到多遠都能看得到。當下處境雖然不盡理想，但只要保持鎮定，並運用現有資源，我一定可以辦得到。

你也能度過難關與低潮。你可以照顧自己，並相信自己。相信上天。往目光所及之處前進，等你到達那裡時，將會看得更遠。

這就是所謂的「船到橋頭自然直」（隨遇而安）。

練習照顧自己

看一下以下所列出的特質，然後判斷你在感情中是屬於依賴型（沉溺型）或健康型（關愛型）。

依賴特質	
關愛型（開放）	**沉溺型（封閉）**
有成長與擴展空間，想讓對方成長。	基於安全感與慰藉，產生依賴。 高度需要與癡迷以表愛意。 （可能實際上是畏懼、不安與孤單）
各有興趣，且皆有各自的朋友，與他人保持有意義的關係。	全心投入，社交生活有限，忽視舊識或個人興趣。
鼓勵彼此繼續發展，確保個人價值。	十分關注他人行為，依賴他人認可自己身分或自我價值。
信任、開放。	嫉妒、擁有，害怕競爭，「保護來源」。
雙方都能各自保有完整自己。	一方需求因他人而擱置，也就是剝奪自我。
願意冒險，面對現實。	去除可能風險，尋找全然不受傷害的完美狀態。
感情關係內外皆留有空間供探索與感受。	經由重複的儀式性活動再次確認。

能享受獨處。	零忍受力，無法承受分開。 即便雙方吵架，還是離情依依，抓得更緊。 要是無法達到，便會歷經戒斷症狀，包括缺乏食慾、無法休息、昏睡及迷失痛苦。

分手	
關愛型 **（開放）**	**沉溺型** **（封閉）**
接受分手，且不會因此感到喪失自我價值，或認為自己有欠妥當。	感覺自己有失妥當，缺乏價值，經常單方面思考。
好聚好散，希望對方有最好結果，就算不在一起，還是朋友。	暴力收場，經常會憎恨對方，試圖承擔痛苦，用盡一切想要挽回對方。

單方面沉溺	
	沉溺型 **（封閉）**
	否認與幻想，高估對方付出。
	在自我之外尋求慰藉，如藥物、酒精、新歡，以及改變處境。

第六章　活出自己人生

讓自己活著，也讓別人活著。

這本書要傳達的一個論點是，**最能讓人發瘋的方法，絕對是去管別人的事，而要能快樂與保有自我，最快的方式便是管好自己的事。**

我已經提過有關這個論點的概念和想法，討論過學習如何以放手做出不同回應的方法。然而，**在我們放手，解開對周遭的人的束縛之後，會留下什麼？我們每個人剩下的便是自己。**

我記得自己面對現實的那天。很久以來，我一直都在怪別人讓我陷入絕境。「都是你們害我變成這樣！」我大喊。「看！你們害我每一分每一秒、整個人生都做了什麼。」我放手並為自己擔起責任後，不禁在想，或許別人並不是我無法過自己人生的原因，他們也許只是我需要的擋箭牌而已。我的人生，不管是現在還是未來，看起來都充滿陰霾。

過自己的人生，對我們有些人來說，未必前景看好。也許我們一直只關注別人，結果忘了該如何過日子，享受人生。

我們需要、也一定可以過好自己的人生

可能因為我們心裡非常煩惱憂愁，所以認為自己沒有人生可言，有的只是痛苦。實際上卻並非如此。我們的人生不是只有問題。我們可以不只有問題，以後也可以不只有問題。眼前的人生如此痛苦，並不代表永遠都是這麼痛苦，只要我們開始改變。當下或許不盡然都是玫瑰遍地，但也不會滿是荊棘。我們需要而且也一定可以過好自己的人生。就像某位朋友所說，我們會「找到自己的人生」。

有些人認為，人生沒有未來，沒有目標，沒有大風大浪，就是枉然。這種觀點也不正確。我相信上天為我們每個人都準備好有趣、令人興奮的事物去經歷；也相信除了照顧或依附別人，每個人都有值得追求的目標。我相信藉由照顧自己，我們會培養出這種態度。讓我們從現在開始，敞開心胸感受我們內在的富足與善美。

本書一直在講的「照顧自己」，我聽過有人使用過或誤用，也聽過有人藉此來控制別人或將自

己的意願強加到別人身上。（例如，我沒事先通知就過來拜訪，不請自來不說，還帶了五個孩子與一隻貓。我們預計停留一週，而我只不過是在照顧自己！）我也用過這句話，將壓迫與懲罰別人的行徑合理化，而非妥善處理憤怒的情緒。（例如，我整天咆哮罵你，因為你沒有做我要你做的事。但你不能氣我，我只是在照顧自己。）再者，我也聽過有人藉此逃避責任。（例如，我知道兒子在房裡注射海洛因，不過那是他的問題。我不想為此擔心。而我現在要去逛街，花個五百美金，也不擔心之後錢怎麼生出來。我只是在照顧自己。）

這些行為都不是我所指的照顧自己。照顧自己是指對自己與生活的態度，為自己負責，負責主導自己的人生，而不只是活著。我負責照顧自己精神、情緒、身體與財務上的健康，也負責找出個人需求，並加以滿足。我負責解決自己的問題，或學習怎樣與無法解決的問題共處。我為自己的選擇負責，並對自己給予與接受的一切負責。我也對自己設定與完成目標負責。我負責自己要多開心過人生，平常要有多少樂趣。我為所愛的人負責，對如何選擇表達愛意負責。我對自己向他人做的，以及讓他人對我做的負責。我對自己的想望與渴求負責。

我的一切，我的所有面向，都是重要的。我是重要的。我的感受是真的。我的思維是適切的，我的想望與需求是被重視的。我不應得到、也無法容忍虐待或長期的不公平對待。我有權利，而主張這些權利是我的責任。我做的決定及如何為人處世，會反映自己的自尊。我做決定時，會將自己要負的責任考慮進來。

我的決定也會考慮對他人的責任，包括配偶、子女及親朋好友。做決定時，我會檢視及決定這些責任確切為何，並考慮生活周遭他人的權利，包括他們認為適合自己生活方式的權利。我無權硬要他人行使照顧自己的權利，而他人也無權干涉我的權利。

給予自己所需要的

自我照顧是種相互尊重的態度，指的是學會負責任地過自己的人生；也指讓他人依自己所選擇的方式生活，只要他們不干涉我們選擇的生活方式。而照顧自己並不是像有些人以為的那樣，與自私劃上等號；但也並非如有人所相信，是完全無私的。

接下來的章節，我們會討論照顧自己的一些具體方式，包括設定目標、處理情緒等。我相信照顧自己是門藝術，涵蓋一個多數人都相當陌生的根本概念，那就是給予自己所需要的。

我們及家人起初可能會對這點感到震驚。我們很多人，都不會開口要我們所需要的，也許是不知道或沒想太多自己想要與需要什麼。（本書會常用想要與需求這兩個詞。我覺得這兩者都十分重要。）

許多人都誤以為，我們個人的需求並不重要，不值一提。有些人甚至認為，我們有需求是很糟糕的，或者是錯的，因此學會壓抑，把它們從意識裡趕走。我們沒學會要如何辨識出或傾聽個人的需要，因為它完全不重要，我們的需要是不會被滿足的。有些人則還沒學會如何讓自己的需求獲得適當的滿足。

給予我們自己所需要的並非難事。我認為我們很快就能學會。方法很簡單：無論在什麼狀況，放手，並捫心自問：「我需要做什麼來照顧自己？」

聆聽自己內在的聲音

接著必須傾聽自己的聲音。尊重我們所聽到的。我們必須停止因自己所思考、感覺以及想要的，而懲罰自己的瘋狂舉動，必須停止不傾聽個人心聲，或是內在努力想要告訴我們的事情。你覺得上天與我們一起努力如何？就像我前面所說，我們把自己都放棄了，難怪會認為連上天也背離我們。我們其實可以對自己溫柔一點，並且接受自己。我們不只是人，而是被精心創造出來的。我們也可以對自己有同理心，接著對他人才能產生真正的同理心。聆聽自己珍貴的內在所要告訴我們關於自己一切所需的聲音。

也許我們必須趕一下時間，和人會面。也許我們必須放慢速度，放自己一天假。也許我們需要運動或小憩。也許我們需要獨處，也可能想到人多的地方。也許我們需要去工作，或者需要工作量少一些。也許我們需要的是一個擁抱或一個吻，或是按揉一下背部。

有時給予自己所需要的，指的是給自己找點樂子：比方說，請自己吃頓大餐、換個髮型，買件新衣、買雙鞋、買新玩具、選個晚上去看電影，或出國旅行。有時我們需要的是工作。我們需要消弭或發展某些特質；需要經營一段關係；或者需要肩負照顧自己或他人的責任。給予自己所需要的，不一定是指送自己禮物，而是做應該做的，為自己的人生負責，並不是過度負責或全然撒手不管。

我們的需求各不相同，每一刻每一天都在改變。我們是否因為依附行為，而覺得瘋狂、焦慮？也許我們必須參加療癒團體聚會。我們的思想是否消沉、負面？也許我們該讀讀關於冥想或勵志書籍。我們是否憂慮身體的疾病？也許我們該掛號看病。小孩不聽話？也許我們需要訂出維持紀律的家庭計畫。是否有人侵犯我們權利？我們就設定某些界限。是否我們因為情緒起伏而胃痛？適度處理自己情緒。也許我們需要的是放手、放慢腳步、做彌補、介入、建立關係或申請離婚。

一切操在我們手中。我們覺得自己必須做的是什麼？

除了給予自己所需的，我們也開始告訴他人我們的需求與想望，因為這是照顧自己的一部分，也才是有責任感的表現。

正如一位諮商員所提，給予自己所需的是指，在生命中活出自我，成為自己的諮詢者、知心朋友、精神導師、夥伴、摯友及照顧者。我們要以現實為考量來做所有決定，並且是以自己的最大利益來做決定；當然我們也考慮自己對他人的責任，因為這是一個負責的人所應該做的。但我們也知道自己會謹慎。此外，我們試圖消除我們決定中的「應該」，並學習相信自己。如果我們聆聽自己的聲音，便不致迷失。

給予自己所需要的，並活出以自己為主的人生，需要堅定的信念。我們需要堅定的信念過生活，每天至少都需要點滴累積，來開始向前邁進。

當我們學到如何留意自己的需求，並且滿足，便能在犯錯時原諒自己，在做得好時鼓勵自己。我們也能在某些事做得很遜或平淡無奇時，不會太自責，因為這也是人生的一部分。我們學會開自己玩笑，但需要哭時，不會強顏歡笑。我們認真對待自己，但也不會太過頭。

最後我們可能會發現這個驚人的事實，那就是人生中的大多數情況，都會因為我們照顧自己，或給予自己所需要的，而有所改善。事實上，我們可能學到，多數情況能好轉，是因我們懂得照顧自己，顧及自己的需求。

我還在學習找出照顧自己的方式。我知道許多人要不已經學會，要不就是也在努力學習。相信所有人都能做到。

練習照顧自己

1 當新的一天即將展開之時，稍微停下來，問問自己該做什麼來照顧自己。任何時候只要覺得有必要，就停下來問問自己，每天至少一次。要是當下正經歷危機，你可能每小時就問自己一次，然後滿足自己所需。

2 你需要旁邊的人付出什麼？找個適當時機，與他們坐下來，談談你對他們的需求。

第七章　與自己談戀愛

最重要的是，對自己誠實，
如夜之繼日般奉行，才不致對人虛偽。

——莎士比亞

「愛鄰人如愛己」。可是問題就出在，很多人就真的是這麼做。更糟的是，許多人從來沒想過以對待自己的方式去愛別人或與別人相處。我們不敢如此做，別人可能也不會讓我們這樣做。

許多人的痛苦來自於自我價值低落，這個苦惱看似模糊但卻是四處滲透。我們覺得自己不夠好，不喜歡自己，不把愛自己納入考慮。對有些人來說，講低自我價值算是好聽的了。我們不只討厭自己，還痛恨自己。

我們不愛自己的長相，也受不了自己的身材；認為自己愚蠢、無能、沒才華，而且在多數情況不討人喜歡；覺得自己的想法與感受，都是錯的，而且不適當。我們自認是無名小卒，即便我們的感受沒有錯，也認為不重要。我們深信自己的需求是無足輕重，而且我們會讓他人的渴望或計畫蒙羞。我們自覺矮人一截，並且與整個世界格格不入，但並非正面的獨樹一格，而是怪異難容。我們從沒有要認真對待自己，而且不是透過正面樂觀的粉色鏡片看待自己，而是骯髒負面的灰褐色底片。

我們可能學會隱藏自己真實的感受，包括穿搭合宜、弄個好看的髮型、住在適當的居所，有個適當的工作。我們可能表面吹噓自己成就，私底下卻困在內心牢籠，不斷默默懲罰、折磨自己。有時我們可能在大眾面前懲罰自己，如自我嘲弄。我們有時甚至請他人幫忙，讓我們更加討厭自己，例如讓某些人或宗教習俗使自己產生罪惡，或容許他人傷害自己。但其中最嚴厲的酷刑，卻是在我們內心悄悄進行。

陷入自我折磨

我們不斷挑剔自己，在良心上堆疊一連串「應該」，形成許多毫無意義又令人生厭的罪惡感。別把這種虛構出來的罪惡感，與真實的罪惡感混淆。真實的罪惡感能驅動人改變，讓人學到寶貴的教訓，並帶領我們拉近與自己、他人的距離。但我們卻是不斷讓自己置身於不可能的狀況，沒得選擇，只能自我否定。我們產生某個想法，接著告訴自己不該這麼想；產生某個感受，接著又告訴自己不該如此感覺；做了某個決定，付諸實行，接著又告訴自己，不該這麼做。這些情況是無需修正，無需修補，我們什麼都沒做錯。我們是陷入某種懲罰模式，專讓自己一直覺得焦慮、喪氣或喘不過氣。是我們讓自己深陷進去。

我以前最喜歡的一種自我折磨方式，便是陷入該做哪件事的兩難。一開始我會決定先做其中一件，正要行動時卻想：「該先做另一件。」因此，轉換心情，準備開始做另一件，這時我又會對自己說：「真不該先做這件事，應該先做之前那件事。」另一種折磨自己的方式則是，梳妝打扮整齊後，我望著鏡中的自己，然後說：「天啊！我看起來超怪。我看起來不該是這樣。」

我們有些人認為自己犯了嚴重錯誤，因此無法合理地指望他人原諒。有些人則認為，自己的人生本身就是個錯誤。許多人認為，自己做的每件事都有錯。有些人則認為，自己什麼事都做不好，但同時又對自己要求完美。我們把自己逼到不可能的處境，接著再納悶為何無法走出來。

最後我們會以貶低自我收場。我們不喜歡自己的所作所為，也壓根兒不喜歡自己。追根究柢，都是因為我們不夠好。基於某些原因，上天在我們內在創造了完全不合宜的個體。

對於依附的行為，就像人生中許多其他面向，凡事都相互關連，一件事會導致另一件。就這點來說，我們自我價值低落，便常與許多我們所做或沒做的有關連，因此衍生出很多問題。

常常，我們是如此討厭自己，以致於認為考量自己是錯的，也就是說，似乎太過自私，因此凡事先考慮自己是不可能的。我們常以為，唯有為他人做些什麼或提供照顧，才有存在的價值，所以從來就不懂得拒絕。像我們這樣的小人物，需要加倍努力，才能得人喜愛。沒有任何心智正常的人會喜歡跟我們在一起。我們認為必須為別人做什麼，才能得到並維繫與他們的友誼。

而我們諸多的自我防衛，並非來自於自認無可挑剔，而是因為我們自我價值如此薄弱，任何感受到的攻擊，都足以將我們殲滅。我們覺得自己是如此糟糕，非常有必要追求完美，而且要避免丟臉，所以無法接受其他人告訴我們哪裡做得不對。有些人則會叨念批評他人，因為我們就是這樣對待自己。

正如一些諮商員與其他專家所認為，我相信自我價值低落或憎惡自己，與共同依賴的各個層面有關，包括拒絕享受人生，烈士心態；成為工作狂，永遠忙得團團轉，無法好好享受人生；堅持完美主義，不讓自己對自己所做事情感覺很棒；再三拖延，在自己身上累積一層又一層的罪惡感與不確定感；刻意避免與別人有親密關係，包括逃避感情、拒絕承諾、硬要維繫崩壞的感情；與不適合自己的人建立關係，卻避開真正適合我們的人。

擔心是威力強大的恐懼

我們能找到無數折磨自己的方法，如暴飲暴食、忽視自己的需求、與別人比較、與別人競爭、偏執、活在痛苦回憶、或想像未來苦不堪言的場景。我們會想，要是他又喝酒了怎麼辦？要是她有外遇？房子被颱風吹垮了怎麼辦？這種「要是」的態度，總能形成威力強大的恐懼。我們不斷嚇自己，然後不解為何自己會如此畏懼。

我們不愛自己，不容許自己得到任何好處，因為我們相信自己不配。

我們漸漸進入與自己全然敵對的關係。這些自我厭恨的行為，有人是在家中學到，原因可能是父母酗酒；有些人則是離開酗酒父母，與酗酒者結婚，從而強化了自我仇視。我們可能帶著脆弱的自我價值，進入成人的兩性關係，然後發現僅存的自我價值卻開始瓦解。不少人可能先前自我價值完好，直到遇上他／她，或某個問題，才突然或逐漸發現厭惡自己。成癮行為與其他強迫症，會摧毀成癮者與其旁人的自我價值。記住，成癮行為與其他強迫症，都會自我毀滅。有些人可能甚至沒意識到自我價值低落，以及自我厭惡，因為我們一直都是把自己跟生命中的問題者或其他發瘋的人相比較；結果相較之下自我價值最低且最仇視自我的人，竟是我們自己。只要我們允許，低自我價值感隨時會偷偷上身。

給自己一個擁抱

其實我們是何時開始折磨自己已不重要。我們必須立刻停止。從現在起，我們可以在情緒與心理上給自己一個大擁抱。我們很好。我們是很美好的。我們想法沒問題，感受也很正確。當下此刻，我們就在對的位置。我們沒什麼不對勁，我們已經盡力做到最好了。

即便我們會去控制、拯救，還有很多人格缺陷，我們還是ＯＫ的。我們就是我們注定要成為的人。我先前談到許多問題、議題以及要改變的事物，這些都是目標，是讓生活更好而值得去做的事。我們當下是很好的。事實上，我們之中有些人是我所認識最深情、慷慨、善心與關懷的人。我們只是讓自己被騙去做傷害自己的事，而我們正在學習如何不要再做同樣的事。不過，這些欺騙手段是我們的問題，而不是我們本身。假若我們有個非常令人討厭的性格缺陷，可能就是我們厭惡自己與挑剔自己的原由，那還真是無法容忍或接受。我們是可以停止不要為挑剔自己而挑自己毛病。有這種習慣，也並不是我們的錯，但我們有責任學會不再這麼做。

我們能為自己做的最棒的事：接受自己的一切

我們是能珍視自己與自己的人生，我們能滋養自己、愛自己。我們能接受美好的自己，也接受我們所有過錯、強項、弱點、感受、思維，以及所有的一切。這就是我們能為自己做的最棒的事。這就是我們，就是我們注定的樣子，而不是錯誤。我們就是發生在我們身上最美好的事物。相信這點，這會讓人生好過許多。

無法放手的人與一般人的唯一差別，就在一般人不會因為做自己而挑自己毛病。每個人都會有類似的想法，也有各種不同感受。每個人都會犯錯，也會做對一些事，所以我們是可以放過自己一馬。

我們並非二等公民，我們不屈就於次等的人生，也不屈就於次等的感情關係！我們是值得人愛，也值得他人認識與親近。喜愛我們的人，並不愚蠢，也不會因喜歡我們，而低人一等。我們有快樂的權利，也配得有好事降臨。

看起來最美好的人，其實跟我們並無二致。唯一的差別只在，他們會對自己說，自己看來很不錯，並讓自己閃閃發光。那些說話最深奧又最有智慧的人，其實與我們相去不遠。他們做自己，並會放手。看起來最有信心，也最自在的人，其實與我們並無不同。他們只是會設法讓自己克服可怕的處境，並告訴自己絕對可以辦到。成功的人，其實與我們差別不大。他們走在前頭，發揮自己天賦才華，為自己設定目標。我們甚至與電視上的偶像或英雄一樣，因為我們幾乎擁有相同的特質，也就是人性。真正有差別的是，我們對自己的觀感以及如何看待自己。

我們很好。我們夠好。我們的生命是合時合宜的。我們絕大部分的憂慮與害怕，我認為都來自於我們不斷告訴自己，我們還沒準備好面對這個世界及所有情況。美國的精神治療師布蘭登*稱此為「無法適應現實的莫名感」。在此我要說，我們是適應現實的。放輕鬆。無論我們需要去哪，需要做什麼，我們都是合時合宜。我們會做得很好。放輕鬆。做自己沒關係。畢竟除了自己，我們還能做誰，還能做什麼？無論面臨什麼，只要盡力了就好。不然還能做什麼？有時我們甚至沒盡全力，這也不要緊。我們在走過人生時，會有感受、思維、懼怕與脆弱，但這是所有人都一樣會有。我們必須告訴自己，我們的所作所為與感受跟別人無異。

我們要對自己好。對自己仁慈又有同情心。如果我們厭惡或怨恨自己，又怎能期望會照顧自己？

---

*布蘭登（Nathaniel Branden），美國精神治療師兼作家，著有《以自己為榮》（Honoring the Self）一書。

不要與自己作對

我們必須拒絕落入與自己敵對的關係。不要怪罪自己，不要自視為受害者，採取負責任的行為，不再做受害者。向罪惡感施壓。羞愧與罪惡感長久來說沒什麼幫助，唯一用處是暫時指出我們可能違反自己道德標準之時。別再提「應該」。要留意自己何時會懲罰與折磨自己，並努力向自己傳達正面的訊息。如果我們得做些什麼，那就去做；要是在折磨自己，那就停止。這會簡單多了。我們可以開開自己玩笑，告訴自己不會被耍，給自己擁抱，然後去過自己選擇的人生。要是真有罪惡感，好好處理。上天會寬恕我們。即便是最糟的情況，祂也知道我們已經盡力了。我們不必藉罪惡感懲罰自己，來向上天或其他人證明我們有多在乎，而是要原諒自己。與可信任的人談談，跟上天傾訴，做些彌補，然後就此放手。

我們必須停止讓自己覺得羞愧。羞愧就像罪惡感，是對我們完全沒有好處。如果有人直接或間接告訴我們，我們應該感到羞恥，其實根本不須相信。自我憎恨或羞愧，除了那一剎那，是完全沒有幫助。請試著說出，有哪種情況可以透過一直覺得罪惡或羞愧，能夠好轉？有哪個時候可以因此而解決問題？如何解決的？罪惡感與羞愧大多時候只會讓人焦慮到不行，使我們無法盡力做到最好。罪惡感只讓所有事難上加難。

我們需要珍惜自己，並做出提升個人自尊的抉擇與決定。

「每次你學著表現出自己很珍貴的樣子，而不是絕望的樣子，下次這麼做時，就會更容易。」卓斯在《讓他們清醒》*書中建議。

我們對自己、自己感受、想法、需要、想望、欲望以及所有與我們有關的一切，是能夠溫柔、關愛、願意傾聽、有耐心、和藹以對。就從我們所在之處開始，我們會收穫更多。發揮自己才能與天賦。相信自己。堅持到底。我們能被信任。尊重自己。誠實面對自己。以自己為榮，這正是個人魔力所在，也是與世界接軌的關鍵。

以下內容關於自尊的部分，是摘自布蘭登的精彩作品《以自己為榮》。請細讀當中文字。

> 在生命中我們所歷經的各種批判，都沒有我們對自己的批判來得重要，因為批判自己觸及到我們存在的核心。
>
> ……我們的思考、動機、感覺或行為等所有重要層面，全都受自我評價影響……

---

*卓斯（Toby Rice Drews），美國作家，著有《讓他們清醒》（Getting Them Sober）。

以自己為榮的第一步，便是要相信自己的察覺：選擇如何思考、自覺，並以自己的知覺向外探索世界，向內探索自己內在。缺乏這種心力，便是在根本上怠忽自己。

以自己為榮，是願意獨立思考、依自己的內在力量過生活，並有勇氣堅持對自己的感知與判斷。

以自己為榮，是願意去了解自己的思維，也願意去了解自己的感受、想望、需求、欲望、磨難、恐懼或憤怒，並願意接受體驗這些感受的權利。與這種態度相反的，則是否定、放棄與壓抑，也就是自我放棄。

以自己為榮，是保有接受自我的態度，這是指接受自己是怎樣的人，不會自我壓抑或懲罰，也不會偽裝真實的自己，或者為了矇騙自己或他人，加以掩飾。

以自己為榮，是活得真實，言行舉止都發自內心真正的想法與感受。

以自己為榮，是拒絕接受無來由的罪惡感，並盡全力去除似乎是我們應有的罪惡感。

以自己為榮，是忠於自己的存在權，認定自己的人生不屬於他人，而我們來到這世上的目的，也並非是為了迎合他人期待。對許多人來說，這是個令人畏懼的責任。

以自己為榮，是愛自己的生活，愛自己有機會成長及享受愉悅，愛發現與探索自己人性獨特潛能的過程。

因此，我們開始了解，以自己為榮，是練習自私，而這裡的自私，指的是「自私」最崇高、最高尚、最為人不知的涵意。而且，我認為這種自私需要具備莫大的獨立性、勇氣與正直。

我們需要愛自己，並對自己承諾。我們需要對自己無盡地忠誠，而這份忠誠是很多人願意付出給其他人。重視自我價值，才會有真正的仁慈與善心，而不是自私自利。

我們付出與接受的愛，會因我們給予自己的愛而更有價值。

練習照顧自己

1 你對自我的感覺如何？記錄下來。寫出你喜歡或不喜歡自己哪點。再重讀所寫的內容。

第八章　學習接受的藝術

我想提議我們面對現實。

——出自《紐哈特秀》＊

接受會帶來平靜

大部分理智的人都贊成且支持要接受現實。這不僅是許多療程的目標，而且也應該是努力達成的方向。面對與接受現實，對我們是有益的。接受會帶來平靜，而且經常是改變的契機，但也往往說的比做的容易。

每個人每天預期要面對的，不是接受就是排拒那一天或當下處境的現實狀況。從我們一早睜開雙眼，直到晚上闔上，每天日常生活中都有許多事情要接受。這裡的當下的處境，包括自己是誰、住在哪裡、是否與他人同住、在哪裡工作、交通工具、有多少財力、責任為何、該做什麼好玩的事，以及出現什麼問題。有些天的處境宛如微風，自然而然就能接受，例如頭髮不亂翹、孩子乖乖聽話、老闆講理、錢夠用、家裡整潔乾淨、車子狀況不錯、很愛另一半或情人。我們知道該期待什麼，而且所期待的也能令人接受，一切不成問題。有些天則可能不順遂，例如車子煞車有問題、屋頂漏水、小孩無禮頂撞、手臂骨折、丟了工作，另一半或愛人表示不愛我們了。有事情發生了，遇到了問題。事情有所不同，情況正在轉變。我們正在失去某些東西。

我們當下處境不再像過去順遂，並且有了改變，有新的狀況得接受。可能起初我們的回應是否認或排拒改變、問題或失去，想要事情一如往昔，希望問題快速解決，想恢復自在安穩。我們想知道要期待什麼，我們對現狀不安，感覺一切很彆扭，生活一時間失去平衡。

有時我們從來就不知該期待什麼，尤其當我們跟有嚴重問題或強迫症的人在一起。我們被諸多問題、失落與改變轟炸，默默忍受玻璃被打破、對方爽約、不信守諾言，以及謊言。我們在錢財與情緒上無法心安，也對所愛的人、上天及自己喪失信念。我們還可能失去健康、物質用品、名譽、社交生活、職涯、自制力、自尊以及我們自己。

＊紐哈特（Bob Newhart），美國知名喜劇演員，而主演的《紐哈特秀》為美國一九七〇年代相當受歡迎作品。內容主要描述由他所飾的心理醫生如何面對生活中的家人、同事與病患。

缺乏公正的愛，是無法存在

有些人對自己所愛的人失去尊重與信任，有時甚至對曾愛過的人失去愛與承諾，這種情況很常見。一本關於成癮者的家庭指導手冊中提到：

> 愛要是缺乏公正，便無法存在。愛必須也要有同理心，這是指要能忍受他人，與對方共苦。而同理心指的並不是因他人不公不義而為之受苦。

即便這種不公不義很普遍，卻沒有因此減輕痛苦。一旦我們所愛的人，做出深深傷害我們的事，背叛便會令人無力招架。

或許人面臨最痛苦的失去，便是夢想破碎，這些夢想是大多數人都會對未來懷抱的希望與理想。這種失落會是令人最難接受。當我們在產房看著自己的親身骨肉，就已對他／她有所期許，而這些期盼，可不會是什麼行為上的問題。我們的夢想並不包含問題。步上紅毯彼端的那天，我們是懷抱夢想，認為與至愛攜手共築的未來，充滿驚喜與承諾；自此美好的事情、充滿愛的事情、長期以來希冀的事情就要展開。這些夢想與承諾，無論是否說過，對大多數人而言，都一定存在。

瓦歐提茲在《共同依賴行為：一個新出現的議題》中寫道：

每對夫妻步入婚姻的開頭可能不盡相同。即使如此，婚姻關係中一旦有人出現藥物／酒精依賴，過程基本上都相去不遠。讓我們先從婚姻誓言看起。

多數婚禮都會出現以下誓詞：「不管或好或壞，或貧或富，或孱病或健康，我們都不離不棄，直到死亡將彼此分離。」也許這就是問題的開端。你在唸這些誓言時，真的這樣想？若是當時你早知道接下來將會經歷的，不是更好而是更壞；對方身體並不健康，而是有病在身；不是更富裕，而是更貧窮，那你所感受到的愛，是否讓這一切都值得嗎？可能你會說值得，但我懷疑。要是你比較實際，不那麼天真浪漫，你可能會將誓言解讀為：婚姻會有好有壞，但壞的是一時，好的則是永遠。如此一來，這一紙宣言便充滿正向信念，後見之明不見得會帶來什麼正向益處。

夢想就在那裡。許多人一直緊抓著這些夢想，經歷一個又一個的失落與沮喪。我們逃避現實，不願面對，拒絕相信或接受任何事。但某天真相找上門來，無法再拖延不管。這不是我們想要的、計畫好的、要求的或希望的。從來都不是。夢想就此破滅，永遠無法重生。

有些人可能是自己摧毀夢想或希望。有些人則可能正面對的是極重大事情的挫敗，比如婚姻或一段重要的關係。我了解想到失去摯愛或曾有的夢想，會有多大的痛苦，而且說什麼話或做什麼事來減輕痛苦或悲傷都沒有用。而夢想毀於成癮或其他問題，則是傷得非常深。這相當可怕，會讓眼前一切摧毀，包括最遠大的夢想。這很真實，真實到令人哀傷。沒有什麼破滅的比夢想更慢、也更痛苦。

即使是復原也會帶來失落，因為我們必須努力去接受更多的變化。一旦另一半醒悟過來，情況就會改觀，彼此互動的模式也會轉變。我們受他人影響的方式是我們必須面對的：也就是自我形象的喪失。即便這些都是好的轉變，但它們仍是一種失去，失去的是也許不那麼令人滿意、但卻詭異地已經很習慣的那些事情。這些慣有的模式，正是我們現況的真相。至少，我們知道該有何期待，儘管那意謂著不要有所期待。

因為所愛與信任的人而痛苦

許多人必須面對與接受巨大的失落，而且持續沒有間斷。這些失落並不是多數人在一般生活中所遭遇的問題與失落。至於造成這些問題與失落的人，都是我們在乎的人。雖然這些問題都直接肇因於某種疾病、狀態或強迫症，但看起來卻可能像蓄意又惡劣的行為。我們正是因自己所愛與信任的對象而痛苦。

我們會一直失衡，不斷努力要接受問題與改變，卻不知該期待什麼，也不知何時該期待。現況總是處於變動狀態，各種層面可能都會遭遇失落或改變。我們感到要發瘋、孩子沮喪、另一半快抓狂、車子被吊扣、好幾週沒工作、家裡一團亂、收入縮水。這些失去可能在一夕間全數降臨，也可能一點一滴逐漸發生。然後情況可能會暫時穩定，直到再度失去車、家、錢和工作，以及我們所在乎的人。我們大膽擁抱希望，卻只是讓夢想再度破滅。我們是不是錯把希望建立在一廂情願的想法上，認為問題會神奇消失，這一點也不重要。破滅的希望就是破滅的希望。失望就是失望。失去的夢想就是失去的夢想。而這些全都會帶來痛苦。

接受現實？我們有大半時間，甚至不知現實是什麼。我們被騙、對自己撒謊，並讓自己昏頭轉向。其餘的時候，我們所面對的現實是超乎我們所能承受，超乎任何人所能承擔的。成癮行為或其他造成不斷失去的嚴重問題裡，否認是其中的重要一環，這點為什麼總令人不解？因為我們有太多要接受，現況著實令人無法招架。我們經常身陷危機或混亂，設法解決其他人的問題，結果自己忙到不行，沒法去擔心接受什麼。然而，我們有時還是要去接受現實。要是事情已有所不同，就必須接受現況。要是我們想以新的夢想代替已失去的夢想，並再度感到平靜和清醒，我們也是得接受現況。

接受不是認命，也不是委曲求全

請要了解，接受現實並不代表委曲求全，也不代表對悲慘與令人遺憾的事認命。接受事實也不是指接受或屈從各種虐待，而是代表認清並接受當下的處境，包括接受自己與生活中其他人的狀況。唯有在這種狀態，我們才能享有平靜，有能力評估各種境況，做出妥善的改變，並解決問題。一個一直遭受虐待的人，只有當自己認知到是受到他人虐待，才會做出必要的決定，讓自己不再被折磨。然後，這種受折磨的人，必須停止假設別人的虐待有天會神奇消失，停止佯裝虐待從來就沒發生過，或為遭人虐待這事找藉口。

唯有接受自己的本相，才能有所改變

只有處於接受狀態，我們才能對自己周遭做出負責任的回應。在這種狀態下，我們才有力量，去改變自己能改變的事物。成癮者只有在接受自己是無法克制個人的行為下，才能戒癮。有飲食失調的人，只有接受自己對食物無法節制，才能解決飲食問題。同理，共同依賴者只有接受自己的共同依賴特質，承認對他人、及其他自己不顧一切想操控的情況都無能為力，才能改頭換面。接受是極為充滿矛盾的論點，我們唯有接受自己的本相，才能有所改變。

以下摘錄自《以自己為榮》有關接受自己的內容：

……若是我可以接受自己是誰，感受自己的真實感受，完成自己所做的，而且不管喜歡與否，我全然接受，那麼我便能接受自己。我可以接受自己的缺點、自我懷疑、自信心低落。一旦全盤接受自己，我便是將自己放在現實這一邊，而非試圖對抗現實。我會不再扭曲自己的感知，好維持對現況的妄想。而且如此一來，我也清除障礙，邁出強化自我價值的第一步。

在我們存在的任何片刻，只要我們無法接受自己是誰的事實，無法讓自己意識到我們的決定與行為是為了什麼，無法承認自己感知的真實感受，我們就無法改變。

接受不是指永遠，而是指當下。不過接受還是必須發自內心。該如何達到這種平和的境界？要如何看著嚴酷的現實，而眼睛眨也不眨或閉上？該怎麼接受所有他人與生命丟給我們的問題、失落與變化？

除了反抗與大吼大叫，我們可以透過五項步驟接受現實。庫伯勒—羅斯*首先提出這些步驟與過程，是瀕死者接受自己死亡這種極大傷痛的過程。自此之後，心理健康專業人士便觀察到，當人面對失落，無論何時都會經歷這幾個階段。失落可以是很小（例如掉了五十塊錢、沒收到期待已久的信），也可以很巨大（因離婚或死亡失去另一半、丟了工作）。就算是正向改變，也會帶來失落（如喬遷新居，離開舊家）。這些失落會經歷以下五個過程。

一、否認

第一階段是否認。這是種驚嚇、麻痺、慌張的狀態，通常會拒絕接受或認清現實。我們會竭盡所能讓事情回復原狀，或裝做什麼事都沒發生。這個階段充滿焦慮與害怕。通常否認的反應包括：拒絕相信事實（「不可能，絕對不可能！」）；否認失去的重要性，或對失去輕描淡寫（「沒什麼大不了的」）；否認感到失落（「我不在乎」）；心理逃避（睡覺、執著、強迫行為、忙個不停）。就某個程度上，我們可能覺得與自己抽離了，而且情緒反應可能沒什麼起伏、心不在焉、或者不恰當（該哭的時候笑，該笑的時候卻哭）。

我相信在這個階段，我們會做出很多依附的行為，包括偏執、操控、壓抑感受；也相信我們許多「要發瘋」的感受，都與這個階段有關。會感到發瘋，是因為我們騙自己，因為我們輕信他人的謊言。最快能令我抓狂的莫過於被騙，而相信謊言，則讓我們自己存在的根本崩解。其實我們最深處本能的部分知道實情，但我們卻會推開，並說：「你錯了。閉嘴。」據某位諮商員的說法，我們接著會認為是自己疑神疑鬼，是我們自身有問題。我們會把自己與內在最本能的部分，貼上不值得信任的標籤。

由於我們愚蠢、固執或能力不足，我們不會去否認任何自己在否認的事情，甚至沒意識到是自己在騙自己。有位諮詢心理學家則解釋說：「否認並不等於欺騙，而是不讓自己知道實情。」

否認是人生的妖魔鬼怪。就像睡覺，唯有真的經歷過，才知道自己在做什麼。就某個層面來說，我們真的相信我們告訴自己的謊言，而這當中也是有原因的。

「當遭遇極大壓力時，我們會關閉自己的情緒感知，有時是智力的感知，偶爾是身體的感知。」賈哈特在《生離死別之痛：幫助孩子走出悲傷》*書中表示：「我們內在自建的運作機制，會排除

*庫伯勒—羅斯（Elisabeth Kubler-Ross），著有《論死亡和臨終關懷》，為有關生死學經典著作。

*《生離死別之痛：幫助孩子走出悲傷》（Helping Children Cope with Separation and Loss），賈哈特（Claudia Jewett Jarratt）著。

破壞性的訊息，以避免自己負荷不了。心理學家告訴我們，否認是一種有意識或無意識的防衛機制，所有人在受到威脅時，都會藉此逃避、減低或避免焦慮。我們會透過這種機制，關閉自己對事物的感知，因為太令人煩憂而不想知道。」

否認是個人吸收驚嚇的反應，是對於痛苦、失去與改變所產生的自然本能反應。它一方面保護我們，一方面也阻隔人生的打擊，直到我們準備好可以因應。

二、憤怒

一旦我們不再否認失去，便進入下一階段——憤怒。我們的憤怒可能是很合理，也可能不可理喻。我們可能會合理化自己發洩怒氣的原因，也可能對任何人或任何事亂發脾氣。我們可能因自己的失落而怪自己、怪上天，或怪周遭每個人。我們可能會有些焦躁、略帶怒氣、完全暴怒，或處於氣燄難平的震怒情緒，端視失去的是什麼。

這就是為何當我們要某人改過、對某人加以指點、或處理嚴重問題，後來的演變卻跟自己所預期的不一樣。假如我們正在否認某個情況，接下來我們並不會直接就接受現實，而是先轉成生氣。這也是我們面對重大事件時，必須謹慎小心的原因。

「糾正他人、撕下他人面具、逼他們面對被掩蓋的真相，其實是異常危險又極具破壞性的事。」

包約翰在《為什麼我不敢告訴你我是誰？》*書中寫道。「他無法面對某些現實生活下去。他會想辦法，透過像是自欺的方式，讓破碎的內在勉強維持完整……因為一旦碎裂散開，有誰會撿起碎片，把可憐如蛋殼的內在重新拼接起來？」

我曾目睹有人終於肯面對長期否認的現實之後，做出嚇人又暴力的行為。要是想居中介入，必須尋求專業協助。

三、商議

平靜下來之後，我們便企圖跟人生、自己、他人或上天要達成協議。要是當初我們或他人做這些那些的話，我們就不必承受失落的痛苦。我們不會企圖拖延無可避免的事；我們只是企圖阻止它發生。有時我們想商討的事很合理也有益，例如，「要是我和另一半尋求諮詢，我們的關係就不會決裂」。有時則很荒謬，比方說一位酗酒者妻子回想道：「我以前會想，如果我把家裡收拾得更乾淨，或把冰箱清理得夠徹底，老公就會戒酒。」

---

*《為什麼我不敢告訴你我是誰？》（Why Am I Afraid to Tell You Who I Am?），包約翰（John Powell, S. J.）著。

四、憂鬱

一旦我們發覺協議並未奏效，覺得努力對抗現實令人筋疲力竭，而且認清人生確實遭遇困境，便會感到難過，有時甚至會極度沮喪。這種心情是真正的悲痛：即是所謂全然的哀傷。這就是我們一直以來竭盡所能要避免的。是時候哭了，是真的令人很痛苦。而憂鬱這個階段，是從我們謙卑順服才展開。有位家庭諮商師，專門處理悲傷，她提出了「原諒過程」。她說：「唯有真正完全歷經這個過程後，悲傷才會消逝。」

五、接受

終於到達這個階段。在我們閉上眼睛、反抗、尖叫、討價還價、最後經歷痛楚，我們才會來到接受的階段。

「接受並非認命，不是絕望地『放棄』、自暴自棄地想『這有什麼用？』，或者『我再也無法奮戰下去』，儘管我們都聽過類似的話。」庫柏勒-羅斯寫道。「這些喪氣話，也代表我們開始結束掙扎，但並不代表就是接受。接受不應該被誤認為是快樂的階段，而是幾乎抽離所有感知，好像痛苦已經過去，煎熬也已經結束……。」

現在我們與現實和平共處了，可以維持現狀、繼續奮鬥、做出所有需要做的決定，怎樣都可以。

我們自由了！不管所失去的是大是小，我們都已經接受。失去已成為現狀可以接受的一部分。我們對此以及人生，都能夠坦然自在。我們調適好了，也重新振作起來。我們再度對自己與現狀感到安然。

我們不僅對自身處境與一直以來承受的改變感到自在，也相信自己從失去的或改變的事物獲得益處，儘管無法完全了解是如何及為什麼獲益。我們相信一切都會沒事，也會從經驗中成長；我們深信自己的現況，每個小細節都符合當下該有的狀況。雖然免不了恐懼、感受、煎熬與疑惑，但我們能了解，即便自己缺乏遠見，一切終究會否極泰來。我們接受現狀，安定下來，不再逃跑、避開、掌控，或是躲藏，並清楚只有從這個起點，我們才能向前邁進。

這就是接受的方式。整個過程除了稱為「悲傷過程」，前面提及也有諮商員也稱為「原諒過程」、「療癒過程」，以及「與上天一起努力的方式」。這個階段並不會變得特別輕鬆；事實上是反倒不舒服，有時很痛苦，可能還會覺得四分五裂。一旦這個過程開始，通常先感到驚嚇慌張。隨著經歷各個階段，我們常是感覺迷惘、脆弱、孤單又疏離。正如人三不五時會懷抱不切實際的希望，失控感也常會出現。

唯一的出路就是去經歷

生命中任何我們一直以來沒有接受的事實，都可能使我們經歷這段過程。有些人可能會因好幾項失去，同時歷經悲傷過程的許多階段。否認、沮喪、商議與憤怒可能會全都一起湧入。我們不知道自己設法要接受的是什麼，甚至不知道自己正努力要接受某個處境；可能只是覺得自己要瘋了。

我們沒瘋。試著去了解這個過程。失去的若是很小，可能整個過程三十秒內結束；失去的若是很巨大，則可能花上好幾年或是整個人生。由於這裡談的各階段是以架構來說明，可能每個人經歷的階段未必完全與我所描述的一模一樣。可能有人會在中間幾個階段來回反覆：從憤怒到否認，從否認到商議，從商議又返回否認。無論經歷各階段的速度與路徑為何，都必須真正走一遭。庫伯勒—羅斯表示，這不僅是正常的過程，也是必要的過程，而且每個階段都不可或缺。

我們必須藉由否認避開人生中的打擊，直到做了更好的準備全面應戰；必須感到憤怒，並怪罪他人，直到把它們從自己身上排除；必須設法商議，也必須哭出來。我們未必要讓各階段主宰自己行為，但為了健康與最終接受，我們每個人都要在各階段花些時間。荷莉絲曾引述完形治療之父波爾斯*的話來詮釋這點：「唯一的出路就是去經歷。」

我們是堅強的個體，但在很多方面，又顯得脆弱。我們能接受改變與失去，但前提是要依自己步調與方式，而且只有自己能夠決定正確時機。

承認伴隨失去而來的悲傷

「會悲傷的人才健康。」身兼牧師與心理學家的安德森在《比天佑更有福》*書中提到：「直到最近，我們才體認到，拒絕悲傷便是否認人的正常功能，而這種否認有時還會導致悲慘後果。」他也表示：「**悲傷就像其他真正的情緒，會伴隨特定生理變化，並釋放某種心靈的能量。要是這種能量沒有透過像悲傷這種正常過程發洩，便會在人的內在造成破壞……**即便是身體上的疾病，也可能是肇因於沒有化解的悲傷……任何讓你感到失落的事物或感知，都可以哀傷，也應該哀傷。」

---

*「完形治療」，注重個案接觸與當下覺察，從中認識自我，發掘個人強項，並接受及解決現狀。該治療由精神分析師波爾斯（Fritz Perls）等人發展，並成為 NLP 治療理論的基本架構。

*安德森（Donald L. Anderson），著有《比天佑更有福》（Better Than Blessed）。

這並不是指一輩子都在哀傷之中，而是指自己願意承認真實的感受，而非總是對痛苦一笑置之。承認伴隨失去而來的悲傷，不但可以，而且也是有益健康的選擇。」

容許自己悲傷

當我們面對失去與改變，我們能容許自己悲傷，儘管失去與改變都不大。對自己寬容點。這個過程令人疲累，筋疲力竭，耗盡心力又失去平衡。留意自己是如何度過各個階段，並感覺自己應該要感受到的。與他人聊聊，這些人是可以被信任，會帶來支持、慰藉，了解我們的需要。說出來，把整個心事全部說出來。

此外，我個人的建議是，感謝上天在這個時候讓我失去，不論我的感受或想法為何。另一個對許多人都有幫助的是寧靜祈禱文。我們不必因為悲傷而行為舉止失當，但我們必須經歷，這是每個人必經的過程。了解這個過程，能讓我們更支持他人，也能給予我們力量，當我們自己經歷其中時，便能決定該怎麼做來好好照顧自己。

學會接受藝術。這當中會有很多悲傷。

練習照顧自己

1 你或你生命中的某個人是否曾因重大失去而經歷悲傷過程？你覺得自己或那人目前在哪個階段？

2 回顧一下過去，想想自己曾經經歷過的重大失去與改變。回想自己走過悲傷過程的經驗。把記得的感受寫下來。

第九章　感覺自己的感受

當壓抑的情緒未做處理，便會逐漸在身體累積……

——作家包約翰

不去感受是為了保護自己

「以前我常幫助各個團體，協助他人處理自己的感受。」一位成癮者的妻子說道。「以前我也會坦白表達自己的感受。現在，我結婚已經八年，要是全靠婚姻過活，我是完全無法說出自己有什麼感覺。」

我們經常在情緒方面與自己失去連結，有時是收起情緒，避免被擊垮。在情緒上容易受傷是十分危險的。傷害會一直累積，而且好像沒有人會在意。這時直接置之不理，看起來比較安全。由於負擔太多的痛苦，我們乾脆停止感受來保護自己。

對我們覺得可能傷害我們的人，我們會不表露情緒。我們不信任他們，所以一旦他們在旁邊，我們便會隱藏情緒。

有時我們感覺是被迫要收起情緒。因成癮與其他失序行為影響而備受折磨的家庭，會拒絕坦誠表達情緒，不時似乎還得欺瞞。試想要是我們企圖告訴成癮者，對他／她撞爛車子、毀了生日派對或嘔吐在床上，我們的真實感受，會怎麼樣？下場可能會是激起他人怒氣等不悅反應。表達自我感受甚至可能招致身體上的傷害，因為這些感受會破壞了家庭的平穩狀態。

就算沒人酗酒或嗑藥的家庭，當中成員也會拒絕去感受。「別這樣想。這種感受不恰當。其實，最好連想都不要去想。」我們可能都聽過這些話，而且還很快學會這種謊話，說自己的感受不重要，有這些感受是錯的。就因為感受沒有被重視，我們也就不再去傾聽。

有時不去感受似乎比較容易。我們會承擔這麼多責任，是因為將旁人的責任也一併扛起。我們無論如何都必須做該做的事。為什麼要花時間感受？感受又能改變什麼？

有時我們會因恐懼感受，所以試圖讓感受消失。要承認自己真實的感受，需要我們自己做決定，採取行動或改變。這會讓我們完全面對現實，也能意識到自己在想什麼、想要什麼、需要做什麼。只是我們還未準備好。

我們感到受箝制、沮喪與壓抑。我們許多人能很快知道這人感覺為何、那人為什麼會這樣感覺、他們有此感覺多久，以及因這種感受，那人可能會去做什麼。也有許多人，花了大半輩子操煩他人感受，試圖處理與控制。我們不想傷害或冒犯他人，也不想對他人唐突。我們覺得要對別人感受負責，卻渾然不知自己的感受是什麼。就算知道，也不清楚該做什麼照顧自己。許多人一直以來都不照料自己的情緒，或從來不為這部分負責任。

自己的感受有多重要？

感受究竟有多重要？回答這個問題前，讓我先說說自己的經歷。一九七三年，我在明尼蘇達州的一家市立醫院接受治療。當時我要戒掉長達十年的酗酒、海洛因、雙氧嗎啡、嗎啡、美沙酮、古柯鹼、巴比妥酸鹽、安非他命、大麻，甚至其他可能會間接改變我的感覺方式的東西，也要全數戒除。

我問諮商人員要怎麼進行，他們都回答：「面對自己的情緒。」（同時也建議我參加戒酒無名會。）我的確開始正視自己的感受。剛開始感覺奇糟無比，情緒爆發到想把自己腦袋打爛。但這麼做真的奏效了，我感覺有幾天保持清醒，接著則是幾個月。後來我已經可以離開治療中心，試著讓自己融入社會，但對未來卻不太樂觀。一來沒工作經歷，二來一個海洛因成癮者要能找到工作，而且維持穩定收入，實在很困難。還有我必須跟每一個我認識有吸毒的朋友，也就是我認識的所有人，統統斷絕關係。家人對於我是否痊癒抱持懷疑態度，而且不難理解還是會氣惱我過去的所作所為。

大體說來，我還是覺得自己背後留了爛攤子，我不認為自己在社會上有立足之地。新的人生即將展開在眼前，但前途卻黯淡無光。此時諮商員還是要我繼續向前，展開全新生活，我又再問到底該怎麼做。她和其他人仍舊回答道：「繼續面對自己的感受，參加戒酒無名會，一切都會沒問題。」

這聽起來有點太過簡單，但我當時沒有其他選擇了。神奇的是，到目前都很有效。當我想得太複雜，不知該如何處理情緒，往往會因而深陷困境。這則故事告訴我們，去面對感受及參與戒酒無名會，皆能有助於去除成癮依賴。不過，更重要的是，這個故事回答了先前我問的：「感受有多重要？」

感受不是生活最重要的部分，而是生活的一切。感受未必主宰或控制我們的行為，但卻不能置之不理。感受無法被忽視。

感受是一種指標

我們的感受極為重要，不容小覷。我們情緒的部分是很特別的。假如我們讓感受消失、把感受趕走，便會喪失自己與生命中重要的一部分。感受是喜怒哀樂的來源。這部分是我們會哭和會笑的部分，也是接收與付出愛的溫暖亮光的中心。這部分會讓我們感覺跟他人是親近的，也讓我們喜歡觸覺等感官的感覺。

感受也是指標。當我們感到開心、舒服、溫暖與滿足，就會知道這個當下世界一切都很美好；而當我們因為憤怒、懼怕或悲傷而難受時，那就是感受告訴我們哪裡不對勁。而問題可能出在自己，如個人的行為或想法，也可能來自外在，但就是有地方不對勁。

感受也可以是正向動力。憤怒能驅使我們解決惱人問題，懼怕則促使我們避開危險，重複受傷與情緒上覺得痛苦，則是告訴我們要遠離。

我們的感受能提供關於自己的線索，例如我們的渴望、需要與抱負；幫我們發現自己，得知自己真正的想法。我們的情緒也會連結到內在深層的部分，這部分主要是在尋求並了解真實，渴望保持自我、提升自我、擁有安全感與美善。我們的情緒會連結至意識與認知的思考過程，也連結到直覺或本能。

然而，情緒也有黑暗面。情緒上的苦痛會造成傷害，且會傷得很重，讓我們覺得不論現在或以後，這樣的情緒就是自己的全部。痛苦與悲傷會持續逗留，恐懼則可能令人裹足不前，阻止我們去做人生中自己想要與必須做的事。

有時我們會陷在情緒裡，陷入幽暗的情緒深淵，自認為永遠也無法逃離。憤怒會惡化為忿恨與苦痛，並威脅要永遠停留。悲傷會變成沮喪，幾乎讓我們喘不過氣。我們有些人則是長久以來都與恐懼共存。

感受也會矇騙我們。比方說，理智要我們別進入某些處境，感受卻帶我們置身其中。有時感受就像棉花糖，看起來比實際的還要膨脹。

儘管情緒有黑暗面，包括令人痛苦、揮之不去，還是矇騙的部分，但若是選擇讓自己抽離情緒，情況會更悲慘。不去感受、抽掉情緒、驅趕情緒，會令人感到不快樂、損害健康，並且有可能毀滅自己。

壓抑或否認情緒能導致頭痛、胃部不適、背痛，而且大體說來，會讓身體狀況不佳，衍生許多疾病。壓抑感覺，尤其是悲傷過程中的否認階段，會讓人產生暴食、厭食、酗酒、嗑藥、強迫性愛、強迫消費、睡眠不足、嗜睡、偏執、操控和強迫行為。

壓抑情緒會讓我們失去正面的感受與活力

感受就是活力。壓抑情緒會阻擾我們的活力，而缺乏活力，就無法盡全力。

受到壓抑的感受會有另一個問題，就是感受不會就此消失，而是不斷徘徊；有時會愈發強烈，導致我們做出許多異常的事情。我們必須搶先情緒一步，讓自己保持忙碌，做點「什麼」。我們不敢靜下來，生怕會感覺到這些情緒。但感受不管怎樣還是可能會鑽出來，讓我們做出從沒打算做的事，例如，對孩子大吼、踢貓、把什麼東西潑到最喜愛的衣服上，或在派對上哭起來。由於試圖壓抑情緒，我們便身陷其中，而情緒就像頑固的鄰居，並不會自動走開，除非我們正視它們的存在。

別壓抑情緒的重大原因便是，抽掉情緒會讓我們失去正面的感受，並喪失感受能力。有時如果痛苦太劇烈或太久，抽離情緒或許是減緩痛苦的方式，但卻非良方。要是我們封閉情緒，可能也會封閉掉我們最深沉的需求，如需要愛與被愛；可能喪失與他人接觸的能力；無法與人親近，也就不能感受親密；還有喪失享受生命中美好事物的能力。

我們會與自己及周遭失去聯繫，不再有本能，也無法意識到感受要告訴自己的事，以及旁邊所產生的問題。我們喪失感受的動力。要是沒有感受了，我們可能不會檢視當中的思維，也不會知道我們自己要告訴我們什麼。而且，要是我們不面對感受，我們便無法改變，無法成長。我們會卡住。

該如何面對自己的感受？

感受也許不會總是令人愉悅，但壓抑感受絕對會變得相當悲慘。所以該怎麼解決？對這些時而教人愉悅時而令人有負擔的麻煩感受，我們該如何是好？

我們就是去感覺。我們「能夠」感覺。去感覺是不要緊的，有感覺是正常的，甚至是男子漢大丈夫，有感覺也很ＯＫ。感覺本身沒錯，也無任何不妥，不需要為此感到罪惡。感受並非行動，氣到想殺人與真正殺人全然不同。感受不該被評斷好壞。感受是情緒能量，而非人格特質。

一般認為感受有千百種，舉凡氣惱到惱怒，從雀躍到歡欣等不一。有些治療師將感受簡化為四種——喜、怒、哀、懼。這四種是主要感受的大類，其他則是程度上的差別與變異。比方說，孤獨與「垂頭喪氣」是在哀傷的類別，焦慮與緊張則屬於懼怕，樂不可支與開心則歸為歡喜。你想怎麼稱呼這些感受都可以，**重要的是去感覺。**

這並不表示我們隨時都必須關注著自己的各個感受，也不是說我們要特別挪出時間沉浸在情緒中。其實，**面對情緒指的是，我們能走出泥淖**，也表示如果感受到某種情緒（情緒能量），便去感受。停頓片刻，確認感受，接著再繼續下一步。我們不審查把關，不阻擾，不逃避，也不會告訴自己「別去感覺，一定是自己哪裡不對」。我們不會因感受而評斷自己，而是真實體會，讓那個能量通過身體，並承認它是自己的情緒能量，也就是自己的感受，然後說：「沒問題的。」

接著則是進行許多人所謂的「處理情緒」。我們適當回應情緒，檢視伴隨而來的想法，然後接受，而非刻意壓抑或檢視。

對自己的感受負責

然後，再判斷是否會有下一步。這裡便是做判斷的階段，也是納入自我道德規範的時候。我們還是不因為有感受而評斷自己。我們決定對於感受及伴隨而來的想法想做什麼。先評估情況，再透過自己的道德規範與自我照顧的新理想，選擇符合的相應作為。是有問題需要解決？是個人想法太荒謬？我們可能需要修正某些太偏災難性的思考模式，例如「我因車子拋錨，感到非常害怕難過，這真是世界末日」。也許比較理想的說法是：「我很難過車子拋錨了。」眼前問題是我們能解決的嗎？是否與他人有關？是否需要與他人討論我們的感受？這麼做恰當嗎？要是有需要，什麼時候？

或許只需感覺情緒，認清想法，就都足夠。倘若不確定該採取什麼行動，如果情緒是格外強烈，或者決定採取的行動頗為激進，我建議等個一兩天，先平靜下來，讓心沉澱下來。換句話說，也就是放手。

我們不必遭感受控制。不必只因為生氣，就大吼動手；不必只因為傷心沮喪，就整天躺在床上；不必只因為害怕，就不去投履歷。我沒有暗示或建議讓情緒控制我們的行為。事實上，我要說的完全相反：如果我們不去感覺自己的感受，並負起責任處理，感受就會控制我們。要是能負責地面對情緒，等於是把感受交給智性、理性、道德與行為的倫理準則。

妥善回應自己的感受，也就代表我們對自己的感受負責。每個人的感受都是自己所特有，沒人能讓其他人去感覺；不論我們怎麼堅持他人有責任，最終要對自我感受負責的，除了我們自己，別無他人。別人可能可以幫助我們去感受，卻無法讓我們感受。此外，別人也無法改變我們感受方式，只有我們能做到。

再者，我們不必為他人感受負責，即使我們懂得選擇體貼他人的感受。負責任的人的確有時是會選擇體貼他人感受，但許多人卻選擇做得太超過。我們也需體貼自己的感受。我們的感受是對周遭狀況的回應，因此，與他人討論感受時，要規定自己說：「你做……時，我覺得……」，而不是「你讓我覺得……。」

不過，關於如何面對自己的感受，我們可能會做別的打算，尤其是如果我們一直以大量情緒苦惱來回應他人行為，甚至向某人表示苦惱後，對方還是不斷帶來痛苦時。也許你不需要那麼多幫忙，就能有所感受。記住，**感受是指標，也是動力**。留意自己感受的固定模式，它們會提供許多關於我們自己與感情關係的訊息。

感受情緒後，要去檢視自己想法

有時，處理感受是指思維需要改變。許多治療師主張，我們的想法與感受有直接相關，兩者是有連結的。我們的想法會影響我們的感受。有時思考模式不正確、過度反應或不適當，會導致個人產生情緒，或讓情緒持續著，比應有的時間還更久。假如我們認為某件事頗糟，不會好轉，而且不該如此，我們的感受便會十分強烈。我稱此為災難思維。這就是為什麼我們在感受情緒後，去檢視自己的想法是如此重要。把想法攤在陽光下。要是不妥當，我們便知道自己該做什麼來解決問題，對吧？

有時我們需要和他人談談自己的感受與想法。一個人孤立地生活並不健康。與他人分享我們的情緒，能拉近彼此距離，建立親密感。此外，真實的自己被他人接納，能有助於我們接受自己。這種經驗十分神奇。我們或許偶爾會想找個朋友，就只是傾聽我們想說的話，而在過程中，我們把事情講出來，試著想出發生什麼事。鎖在內心的事情，會越積越多，力量越來越大，說出來會讓它們力量變小。我們會得出自己的觀點。當然與他人分享愉悅的感受，永遠都很有趣，包括喜樂、成功及逗人發笑。若是想與他人建立親密關係，我們需要與對方聊聊自己長期的個人感受，這就是所謂的情緒上的坦誠。

讓情緒的能量流過

要注意的是，據一位諮商者所言，強烈的快樂與悲傷，兩者都會令人分心及畏懼，特別是對不習慣感受快樂的人，情況更是如此。許多人認為，快樂一定會伴隨著悲傷，因為以往就是這樣發生。

有些人則認為，自己不能、不該、也不值得感到快樂。有時我們是在感覺快樂後，或覺得有感到快樂的可能存在時，做某些事來製造悲傷情緒。其實感覺快樂沒關係，感到悲傷也不要緊。就讓這些情緒的能量流過，然後再追尋平靜與平衡。

處理情緒時，我們有時或許需要專業協助。要是陷入特定情緒，我們要給予自己所需要的，例如去看諮商員、治療師、精神分析師。照顧自己。我們值得這麼做的。假如情緒被壓抑好長一段時間，或覺得不斷壓抑的感受十分強烈，或許也需要尋求專業協助。

邀請自己的情緒前來

有時，只需要稍加練習並培養意識，便能喚醒個人的情緒層面。以下的事情幫助了我去認識自己的情緒，例如運動、寫信但不打算寄出去、與自己覺得有安全感的人聊聊，以及花時間冥想，讓自己沉澱下來。我們需要養成自我意識的習慣；需要注意自己說「不該感覺這樣」時的態度；需要注意自己覺得有多自在；需要傾聽自己的想法、話語及使用的語調；需要留意自己在做些什麼。我們會發現體驗自己情緒的方式，找到一種適合我們的方式。

我們在生命中需要邀請情緒過來，然後承諾會以愛與溫柔加以照顧。感覺自己的感受。相信自己的感受，也相信自己。我們是比自己認為的更聰慧。

練習照顧自己

1 讀自己寫的日記。當時下筆時有顯現出或溢出哪些情緒？

2 讓我們來玩「要是」的遊戲。要是現在你能擁有任何想要的感受，而且如此感覺並不會讓自己變成壞人。這樣你感覺如何？寫下來。

3 找個可靠、善於傾聽、會接受你，又不會只想拯救的人，以開放坦承的態度，開始與他／她聊聊你的感受。同時也傾聽這個人談自己的感受，不要加以評判或擺出照顧者姿態。這樣挺不錯吧？如果你沒認識任何讓自己有安全感的人，不妨加入支持團體。

第十章　憤怒

有個男人有次問妻子：「我到底怎麼了，讓妳這麼厭惡？」
妻子瞪著他說：「一切！」

有好幾年我幾乎不生氣，而是直接哭，感覺受到傷害。至於憤怒呢？沒有，這不是我的作風。經歷過療癒後，我開始想，自己是否可以不生氣。

瓦歐提茲引述《婚姻觸礁》＊一書中的文字來形容我的狀況，「妳變得緊繃又多疑。憤怒吞噬妳，讓妳喪失宣洩的出口。所有進到妳家的人，都能感受妳強大的怒火，無法逃離。有誰會想到妳竟會變成如此自以為是的巫婆？」

憤怒的感受，幾乎是每個人生活的一環。孩子會生氣，青少年會動怒，大人也會發飆。有時，憤怒只佔我們生活一小部分，不會產生任何問題。發過脾氣後，也就沒事，日子照樣過下去，問題也就這樣化解了。

但對有些人來說，就不是這麼回事，尤其是牽扯到持續有嚴重問題的人。憤怒佔據我們生活絕大部分，變成我們的生活。成癮者在生氣，我們在生氣，孩子在生氣，就連狗也不開心。每個人隨時都在發火，似乎永遠都發不夠。即便沒有大聲咆哮，即使是裝作沒在生氣，但還是在氣頭上。我們的表情與些微動作，在在都透露怒火。表面下潛藏敵意，隨時伺機爆發。生氣有時就像炸彈爆炸，卻沒人要了解。成癮者說：「你竟敢對我生氣？我就是王，只有我能對你發火，還輪不到你。」我們會說：「我對你仁至義盡，現在我愛什麼時候生氣隨我高興。」但內心卻默默納悶：或許他／她是對的？……我怎敢對他發飆？一定是自己那根筋不對，才會動怒生氣。我們再度打擊自我價值，並心生罪惡。此外，怒氣也還在。問題沒有解決，怒火也沒有就此平息，而是益發熾烈，益發惡化。

即便是長久以來的問題獲得解決，怒火可能還是無法消散。通常，在成癮者接受協助前，我們的憤怒經常會達到最高點，所有人再也受不了他們的發瘋行徑，就連成癮者本人也無法忍受。有

---

*《婚姻觸礁》（Marriage on the Rocks），伊凡斯（Jimmy Evans）著。

時情況是更糟。有人可能頭一次發覺，這並非自己的錯，甚至會因自己過去一直這樣以為，而產生新的怒火。讓他們首次感受並表達出憤怒，也許有益無害，畢竟最後事情告一段落，可能會了解自己當時與現在有多生氣；但也可能會導致更多紛爭。成癮者或許認為，既然現在要展開全新人生，就期望重新開始，便想把過往舊帳通通一筆勾銷。

所以成癮者會說：「你現在竟敢生氣？我們都已經重新開始了。」

另一方便會回答：「那是你一廂情願的想法。我才剛起步而已。」

接著我們可能在自己薄弱的自我價值與罪惡感上，又默默加上自我折磨的想法：「那個死鬼是對的。現在我怎麼敢生氣？我該高興才對，該心存感激。一定是我哪裡有問題。」

結果所有人都覺得愧疚，因為所有人都在生氣，也因為覺得愧疚，所有人便氣上加氣。覺得自己原本期望對方戒癮能帶來喜悅，結果卻不是如此，不免感到受騙又生氣。結果人生並沒有從此過得幸福快樂。別搞錯了，人生這樣已經好很多，只要戒癮了，就好很多了。成癮並非解決怒氣與感情問題的萬靈丹。舊恨雖然消失，但新的憤怒還會重燃怒火。我們不會再怪罪令人成癮的藥物或某個問題，雖然這些仍然影響我們。成癮的物質已不再能用來治療憤怒的情緒，常常有些人也無法再從朋友得到所需同情與心靈養分。如今成癮者戒了癮，或是問題也得以解決，我們覺得很棒，那我們是哪裡不對勁？我們會這麼問。難道我們就不能原諒，無法忘記？然後我們會再度納悶，自己到底哪裡出了問題？

憤怒的情緒或許極其常見，卻很難處理。絕大多數人不曾被人教導該如何處理怒氣，因為別人是直接處理給我們看，而不是教我們。只是大多數人處理憤怒的方法也都不恰當，原因是他們自己也不確定該怎麼做。

關於生氣的迷思

別人可能會給我們不錯的建議。「就生氣吧，但別犯法；太陽下山怒氣也就該消。」「別想著報復。」我們很多人根本無法做到，有些人則會以為，這些建議指的是「不要生氣」。很多人都不確定自己對怒氣想法為何，而有些則會相信關於怒氣的謊言。

以下關於憤怒的迷思，我們經常會信以為真：

- 生氣不好。
- 生氣浪費時間與心力。
- 好好先生或好好小姐不會生氣。

- 我們覺得很生氣，但其實不該生氣。
- 要是生氣，我們就會失控抓狂。
- 要是對別人發脾氣，他們就會離開。
- 別人永遠不該生我們的氣。
- 若是別人對我們發飆，就表示自己一定那裡做錯。
- 若是別人對我們生氣，都是我們害對方如此，所以有責任要處理他們感受。
- 若是我們生氣，都是某人害的，那個人必須處理我們情緒。
- 若是我們對某人生氣，感情便會破裂，對方也會離開。
- 若是我們對某人生氣，就應該要懲罰惹自己生氣的人。
- 若是我們對某人生氣，那個人必須改變他／他正在做的事，才能讓我們氣消。
- 若是我們生氣，就得打人或摔東西。
- 若是我們生氣，就必須咆哮大吼。
- 若是我們生某人的氣，就表示自己不再愛對方。
- 生氣的情緒有罪。
- 我們唯有提出自己憤怒的合理原因，生氣才沒關係。

許多在療程中的人都認為，療癒的復原期不該生氣。這裡所帶出的觀點是，我們要學會立即適切處理憤怒，才能避免怒氣變成可怕的仇恨。

我們可能會害怕自己與他人的怒氣。或許是相信上述的幾項迷思，也或許是另有原因。可能某人曾在氣頭上而打了我們或虐待我們，也可能是我們生氣時，打了別人或虐待別人。有時人在發脾氣時，伴隨而來的蠻力十分嚇人，令人恐懼。

悲傷與恐懼會轉變為怒氣

我們會回應怒氣，包括自己與他人發的脾氣。這是種令人激動的情緒，並且還具有感染力。而許多人有如此多的憤怒需要處理，也有如此多伴隨哀傷出現的憤怒要面對。我們也會有因為迫害階段的拯救或照顧所帶來的怒氣。許多人就這樣卡在卡普曼三角邊緣動彈不得。我們那些沒有道理可言的憤怒情緒，或許肇因於互動時的可怕思維，例如「應該」、「爛攤子」、「從來沒有」，以及「總是」。

我們生氣是有合理原因的，任何人要是遭遇相同處境，都會產生各種抓狂情緒。我們生氣是要掩蓋受傷與恐懼，因為悲傷與恐懼的情緒會轉變為怒氣，而我們許多人是有如此多的傷害與恐懼。此外，我們也會因罪惡感而產生怒氣。罪惡感不管是其來有自，還是沒來由地產生，都很容易轉為憤怒。我們有不少這樣的怒氣，且信不信由你，成癮者也是，只是他們更善於把罪惡感化為怒氣。

我們也有回應而來的憤怒，因對方生氣而發脾氣。接著對方愈來愈氣，我們怒火也隨之升高，因為兩邊都在生氣。很快所有人都氣成一團，卻沒人知道確切原因。但所有人都在憤怒，並有罪惡感。

有時我們寧願生氣。因為生氣能讓我們覺得不那麼脆弱，更強大，就像保護罩一樣。一旦我們發脾氣，就不會覺得受傷或害怕，至少不容易被察覺。

不幸的是，我們許多人不知如何處理憤怒。我們忍氣吞聲、咬緊牙關、故作堅強，將不滿全往肚裡吞，讓負面情緒在腦中盤旋、選擇逃避、吃藥壓制，或者給點讚許。我們怪自己，讓憤怒變為憂鬱，賴在床上，變得病懨懨、想死，全都是因為生氣。最後我們則求上天原諒自己因為生氣，而變成這麼可怕的人。

我們許多人都因怒氣面臨兩難窘境，尤其如果家人說：「別去感覺，特別是不要生氣。」成癮者當然不想聽我們有多氣，也或許認為無論如何，我們的怒氣都不可理喻，可能連拿出來談，都讓他們嫌煩。而我們的怒氣可能迫使成癮者產生罪惡感，甚至驅使他們用怒氣來壓制我們，使我們不斷有罪惡感、覺得抑鬱。

我們經常無法告訴父母自己感受，也不會這麼做。父母可能會氣我們結交的朋友有酗酒或嗑藥毛病，也有可能只會看到酗酒者或成癮者好的一面，而認為是我們莫名其妙又不懂得珍惜。我們的朋友則可能聽我們抱怨聽到膩。有些人則可能覺得丟臉，因為認為無法向神父或牧師傾吐自己的怒氣。神職人員可能會稱我們為罪人，但我們不必再聽這樣的說法。這就是一直以來，我們告訴自己的話。許多人沒想到，其實可以告訴上天，可以表達自己的憤怒。

壓抑怒氣反而會造成問題

所以我們是如何處理這股一直升高的怒氣？我們做的就跟我們處理所有與自己有關的事一樣：壓抑怒氣，然後有罪惡感。正如壓抑其他情緒，壓抑憤怒會造成問題。有時憤怒會讓我們行事失當，可能對沒打算發飆的人也發脾氣。我們皺起眉頭、癟起嘴，讓他人不想接近。我們摔盤子，儘管已經摔壞很多很多東西了，實在不能再打破任何仍有價值的物品。

在其他時候，憤怒可能也會以不同面貌出現。比方說，可能會發現自己無法行房或拒絕享受性愛，對任何事都無法樂在其中。於是，一方面納悶自己不對勁，一方面則持續充滿敵意，讓過去早已累積不少的自我憎恨，又加添幾分。當別人問怎麼了，我們會裝做堅強地表示：「沒事，我很好，謝謝關心。」我們甚至可能會暗地裡開始做些或大或小的卑鄙勾當，報復讓自己生氣的人，如此才算扯平。

要是憤怒被壓抑得夠久，最終就不是一點一點慢慢流出了。不滿的情緒有如雜草，置之不理並不會就此消失，而是會愈來愈茂盛，逐漸全部佔滿。我們的怒火，也許有天就狂烈噴出。我們會說出並非自己本意的話，也或許會吐露自己的真實感受，這種情況經常發生。我們可能失控，放任自己張牙舞爪、怒髮衝冠、不留情面地厲聲大罵、扯頭髮、摔東西，或可能做出傷害自己的行為。或者憤怒可能強化為苦澀、怨恨、輕蔑、厭惡或憎恨。

而我們還是會問：「自己到底那裡不對勁？」

只要有需要，我們會不斷重複跟自己說：沒有哪裡不對勁。就像《你當然可以生氣！》*的書名所示，我們當然會那麼憤怒。我們當然會氣炸，任何只要神智清醒的人，遇到相同情況，也都會氣瘋。以下引述《婚姻觸礁》書中的一段：

你無法跟一個酗酒者一起生活而不會被嚴重影響。任何與你一樣受盡折磨的人。光是能倖存下來，都值得嘉獎；單是能在此說出自己所經歷的事，就足以頒發獎牌給你。

憤怒是因成癮者所帶來的嚴重影響之一。也是跟眾多其他強迫症或問題的人生活，會帶來的影響。

感覺生氣是OK的

就算我們沒有跟有嚴重問題或疾病的人住一起，感覺生氣是不要緊的。生氣是人生加諸在我們身上的諸多重大影響之一，也是情緒的一種。遇到憤怒，我們就去感覺它，不然得壓抑它。「我不信有人能永遠不生氣。人要不生氣，要不就是想報復。」我的一位朋友這樣說，他是從事心理健康相關工作的專業人士。

我們絕對有權覺得生氣。我們有權覺得多氣都可以，其他人也是如此。不過，最重要的是，我

*《你當然可以生氣》（Of Course You're Angry），蓋莉・羅塞里尼（Gayle Rosellini）與馬克・瓦登（Mark Worden）著。

們也對自己有責任：我們要去妥善處理怒氣。

如此就回到我一開始的建議：面對自己的感受。憤怒情緒如此強烈，該怎麼處理？要怎麼不生氣？是什麼時候生氣？怒氣會到哪去？該向誰談？有誰會想聽？可能連我們自己都不想聽。畢竟，我們生氣的對象是有病在身。難道不該有同情心，去感受到好的一面？對一個有病的人發這麼大的脾氣，真的沒有關係？

妥善處理怒氣

沒錯，我們是有權利對有病的人生氣，因為問題不是我們造成。儘管理想的感受是同情，但在處理好自己的怒火之前，我們恐怕都無法產生同情心。覺得氣得想殺人與保持緘默之間，對有病的人覺得同情不失為一種出路，可以讓自己跨越過去與現在的憤怒情緒。可是面對壓抑的情緒，我認為不是一朝一夕就能解決。一個月或甚至一年，也許都還不夠。我們是累積多久，才變得如此憤怒？處理壓抑多時、累積過多的怒氣，會需要時間與努力。面對新產生的怒氣，則需要多加練習。

以下是處理憤怒情緒的一些建議：

一、提出我們所認同關於憤怒的迷思。

需要發怒時，容許自己生氣，並讓他人也有生氣權利。

二、感受情緒。

即便是怒氣，也只是一種情緒能量而已。它無關對錯，也不需加以評判。憤怒不需被合理化或一定得合乎邏輯。如果這種能量存在，就去感覺它。同時也去感受其他隱藏的情緒，如受傷或恐懼。

三、正視伴隨憤怒情緒而來的想法。

最好把這些想法大聲說出來。

四、檢視伴隨憤怒情緒而來的思考。

攤在陽光底下檢視，看看當中是否有任何缺失，留意常常出現的模式與重複的情況，如此便能更了解自己與周遭環境。

五、假如要有所作為，做了決定就要負責。

找出憤怒想要告訴我們的訊息。我們的憤怒是否在告訴我們自身或周遭環境有問題，需要多加注意？有時在求上天幫我們遠離憤怒時，其實祂是要傳達某些訊息。我們需要改變？需要從他人那裡得到某些事物？不少憤怒都是來自於未能得到滿足的需求。有個快速解決憤怒的方式，就是不要對惹自己生氣的對象咆哮，而是想想我們需要從他們身上得到什麼，然後要求對方做到。要是對方不能給我們，請想想接下來該做什麼，才能照顧自己。

六、別讓怒氣牽著鼻子走。

假如發現自己被憤怒的感受所操控，我們是可以停止這麼做。我們不需要老是在咆哮。不過別誤會，有時鬼吼鬼叫是有效的，但有時則完全無效。最好是讓自己作主，而非任由憤怒情緒擺布。我們不必讓自己行為失控。憤怒只是一種情緒能量，並不是什麼魔咒。放手。到另一個房間，或去別處。冷靜下來。接著找出自己該做什麼。而且，也不須讓他人的怒氣操控自己。我常聽到有人說：「我不能這樣或那樣做，因為他／她會發火。」別讓自己身陷險境，但也努力擺脫怒氣對自己的掌控，包括自己或他人的憤怒情緒。我們不需回應怒氣。生氣只不過是種情緒能量。假如自己不想，我們甚至不需發脾氣來做回應。偶爾來試一下。

七、在適當時機，公開坦承討論自己的怒氣。

但別在酒鬼喝酒醉時談。我們能做出正確的決定，坦白、適當地表達怒氣。不過，要注意自己是怎麼表達的。憤怒經常會引發更多怒火。事實上，我們可以先感覺自己的感受、有個人的想法、找出自己需要對方做哪些，然後再來跟對方表達自己的需求是什麼，而非直接向這人洩憤或發牢騷。

八、為自己的憤怒負責。

我們可以這麼說：「你這麼做我很生氣，因為……」而不是：「你惹毛我了。」但我更喜歡在溝通時給對方一些空間。我們不需要每個字都說得很精準，好像剛從治療團體走出來。做自己。雖然憤怒的情緒是對別人不當行為的一種適當反應，但是要記住，我們會對自己的憤怒感受負起責任。

九、與信任的人談。

跟別人談談自己的憤怒，找到願意的人傾聽，並獲得接納，這樣真的能有助於釐清現實，對於我們接受自己也有幫助。記住，**唯有接受當下的自己，我們才能繼續向前**。沒錯，身邊的人會關心。

我們可能必須出去找到人，但他們會一直都在。要是憤怒加劇轉為憤恨，可以向專業協助者傾吐。憎恨會傷害我們很大，卻無法有任何助益。

十、排遣憤怒的能量。

整理廚房，打打球、運動、跳舞、擦地、到院子除草。憤怒會令人壓力極大，要是能從身體釋放這個能量，會有所助益。

十一、別因生氣就對自己或他人動粗。

他人一旦生氣，別乖乖挨打，或讓自己被任何方式虐待。自己在氣頭上時，也別傷害他人。若是有虐待情況出現，尋求專業協助。

十二、寫幾封信，但不寄出去。

要是因為生氣而有罪惡感，這麼做著實有裨益。信的開頭可以先寫：「假如我可以對任何事發脾氣，沒人會知道，而且有這種情緒反應也沒有錯，那惹我生氣的是……。」一旦把生氣的事全都訴諸紙上，我們便能擺脫罪惡感，找出處理方法。要是正因沮喪而痛苦，這樣做或許也能有所改善。

十三、面對罪惡感。

拋開空穴來風的罪惡感，擺脫所有罪惡感。罪惡感無濟於事。不管自己做了什麼，上天都會包容體諒。再者，雖然我們自認為有罪，但在上天眼中，並沒那麼罪不可赦。

一旦開始面對憤怒，可能發覺自己經常感到生氣。這種情況十分普遍。我們就像拿到新玩具的小鬼，終究會適應。耐心點。處理憤怒時，不用強求完美，沒有人可以做到零缺點。我們都會犯錯，但也會從中記取教訓。別人之所以告訴我們不要以牙還牙，是因為報復是生氣的一種常見反應。而若是做了或準備做不當的事，就要面對罪惡感的產生，以及衍生而來的後果。試著努力讓自己進步。

如果我們長期都在壓抑沉重的憤怒情緒，那我們得對自己寬容點。凡事都需要時間。當下可能還是得如此生氣，一旦不再需要生氣，就算自己想，也不會動怒。倘若自認為卡在憤怒中動彈不得，請尋求專業協助。

生氣不是生命的重心

有人認為，我們從來就不需要生氣；若是我們能掌握自己的思維，並且能適時放手，便不需怒火焚身，或以怒氣來回應。這或許是事實；但我個人偏好放輕鬆，看看接下來會發生什麼，而不是一板一眼監控自己。另外，我跟一個朋友一樣，對於面帶微笑、聲稱自己絕不生氣的人，會覺得半信半疑的。請別誤會，我並不是建議大家要盡量生氣或憎恨他人。我只是覺得生氣不該成為我們生命的重心，也不該自找理由生氣，以測試自己。有位諮商員說：「無時無刻不在生氣並不好。」總是表現出敵意並不健康。人生除了生氣還有更多有意義的事。

不過，需要的時候，生氣是沒有關係。

1 要是你開始感覺憤怒，你覺得會發生什麼？

2 你認為憤怒最深沉的部分是什麼？有哪些憤怒迷思是你認同的？若是需要重新認識憤怒，就這麼做。在這些迷思攻擊你時，把它們各個擊破。

3 你的周遭家人都怎麼面對憤怒？父母與兄弟姊妹生氣時都如何處理？你自己處理生氣的方式又是什麼？

4 如果你曾經壓抑過自己的憤怒，請在筆記本寫下來。你也許得買個新筆記本，專寫有關憤怒的主題。

5 假如憤怒對你來說，是種令人苦惱的情緒，請隨身備好紙筆，只要感覺生氣就寫下來。

第十一章　沒錯，你可以思考

因為神賜給我們，不是膽怯的心，乃是剛強、仁愛、謹守的心。

——聖經提摩太後書（1:7）

「妳覺得我該做什麼？」有位深陷困境的個案曾問我。這位女性當時正面對有關丈夫與小孩的重大決定。

「妳『自己』覺得呢？」我這麼問。

「妳在問我嗎？」她說。「光在雜貨店買個漂白劑，我就大概得花十五分鐘，才能決定要買一罐五十元的，還是一罐八十元的的。我連最簡單的小事都做不了決定，這麼重要的大決定，怎能指望我有答案？」

我們許多人不信任自己。我們非常清楚，猶豫不決的可怕處。即便是最小的決定，舉凡去餐廳點什麼、要買哪個牌子的漂白劑，都會讓我們不知所措，拿不定主意。而面對比較重大的決定，例如，怎麼解決問題、生活該怎麼辦、與誰住等，則會讓我們六神無主。我們之中許多人乾脆就放棄，不願去想這些事。有些人則會讓別人或情況為我們做決定。

你可以釐清事情，做出決定

這章篇幅不長，卻十分重要。本書都在不斷鼓勵你去思考、找出事情脈絡、決定自己的需要與想望，以及決定如何解決問題。可能有些人會想，這些都可能做到嗎？本章的目的，就是要告訴你，你可以思考，你可以把事情釐清，也可以做出決定，而且是明智、有益的決定。

基於諸多原因，我們對自己的能力失去信心，不相信自己能思考，也能釐清事情理路。而相信謊言、欺騙自己（否認）、混亂、壓力、自我價值低落、滿腔壓抑情緒，都可能掩蓋了我們的思考能力。我們變得困惑，但並不表示無法思考。

反應過度可能損害我們心智運作。擔心他人看法、告訴自己必須完美、以及告訴自己加快腳步，會阻礙我們果斷做出決定。我們誤以為自己千萬不能做出「錯」的選擇，因為機會不會再有，整個世界都在等待這次的決定。

我們不需要太強逼自己

我們不需要如此強逼自己。

討厭自己、告訴自己不會做對決定、每次要做決定時都會有一堆「應該」冒出來，並無助於我們思考。

不去傾聽個人的需求與想望，並告訴自己我們渴望的東西是不對的，這些都會欺騙我們，讓我們錯過所有我們需要做出好決定的訊息，而再三猜疑與「萬一……」也同樣毫無幫助。我們要學的是，去愛與相信自己，並傾聽自己聲音。

也許我們一直以來使用心智的方式不妥，我們都是在擔憂與偏執，使得我們的心智疲憊、被濫用，想法充滿焦慮。不過，我們也在學如何阻止這麼做。

或許我們對自己的思考能力失去信心，是因為別人說，我們既無法思考，也無法做出好決定。這點在我們小時候，父母便可能直接或間接表示過。他們可能說我們很笨，也可能直接就為我們做所有決定。他們也許會批評我們所有的選擇，或藉由否定或不認為我們有思考能力，讓我們很困惑。

年輕時在學校課業遇到困難時，我們沒有採取必要行動去解決問題，而是就放棄，並告訴自己，我們欠缺思考或解決問題能力。

有人則會看輕女性才智，但這根本是荒謬的。女性一點都不笨，女性能思考，男性也能，小孩也一樣能。

現在與我們同住的人，可能總是直接或間接表示，我們無法思考。當中有些人可能甚至會說我們瘋了，比如成癮者就常這樣告訴身邊的人。久了我們或許也開始懷疑自己是否真的瘋了！但絕不要相信，一刻也不要。

我們能思考，我們心智運作得很好。我們能想出解決辦法。我們能做決定。我們能找出自己需要與渴望做的事情，以及何時該去做的時機。而我們也能有選擇，增強自己自尊。

我們甚至有權利表達意見！沒錯，我們都有自己的意見。我們能正確與理性地思考，甚至有力量評估自身與自身想法，因此一旦想法變得不切實際或很負面，也能導正自己的想法。

做決定時，記得只需要做自己就好

我們能評估自己的行為，決定自己需要與想望什麼，我們能找到自己的問題所在，以及該怎麼做來解決問題。我們能做大大小小的決定。當試圖做決定或解決問題時，我們可能會感到挫折，但這是完全正常的。有時我們就是需要挫折，才能讓自己的思維有所突破。這都是整個過程的一部分。

記住，做決定不必要得十全十美。我們不必做到完美，甚至接近完美都不需要，只需要做自己就好。我們在做決定時能夠犯錯。我們並沒有脆弱到無法面對自己犯錯。犯錯沒什麼！這是人生的一部分。我們能從錯誤中學習，或者只要再做另一個決定就好。下面的引文，談的雖然是職場上的果斷，但我相信可以應用在其他領域。

「只要做了決策，你在職場裡就是英雄。如果你的決策中有三成是準確的，你就紅了。」

我們甚至可以改變自己的想法，然後再三改變也行。有時我們會猶豫不決，處於煩躁的狀態。我們可能來來回回搖擺不定；可能先是離開，然後回來，之後又再離開。這就是我們到達要去的地方的方式。沒關係的。讓我們先再往前一步：這是正常的，而且常必須如此。

有人可能會反駁：「但是，你又不了解我在想什麼。我有時會有負面的想法，有時有不能說出來的幻想。」我們都一樣，這非常正常。我們的想法是我們感受的關鍵，而感受也同樣是想法的關鍵。我們不必壓抑，而是需要讓想法與感受抒發出來，然後找出自己該做什麼來照顧自己。

以下的建議，或許能幫助我們在心智上建立信心。

一、讓心靈平靜。

放手。鎮靜下來。如果我們面對的是決定，不論大小，首先定下心，然後再做決定。先等到我們的心平靜下來。若是某天我們完全做不了決定，顯然當時就不是做決定的好時機。一旦時候到了，我們就能辨別，而且做得可圈可點。

二、請上天協助我們思考。

每天早上我會祈求上天賦予我正確的思想、話語或行動。請上天傳遞靈感與引導給我。我也會請上天幫忙解決困難。我相信祂會幫忙，我知道祂會。但祂希望我也能盡己所能，好好思考。有些時候日子便會過得比較順利。

三、不要過度操心。

擔心與偏執都會替內心帶來壓力，不要這樣折磨自己。

四、滋養我們的心。

給心智訊息。無論所面臨的問題是暴食、酗酒、感情關係、還是如何買電腦，先收集關於問題我們所需要的資訊，再做決定。給予心智足夠的訊息，逐一分析研究，之後便能有好的答案及解決良方。

五、以健康的想法滋養心靈。

讓自己全心投入可提升思考的活動，並給予自己正向充電。每天早上讀本冥想的書，找出讓自己說「我可以」的事，而不是「我不能」的事。

六、拓展視野。

我們許多人都極關切自己與他人問題，以致於都不看報紙、觀賞電影、讀書及學習新事物。讓自己對周遭世界充滿興趣。學習新東西。去上課。

七、別再對自己的心說喪氣話。

不要對自己說「我很笨」、「做不了決定」、「真的不太聰明」、「從來就不太會想辦法」或「不太會做決定」。其實對自己說鼓勵打氣的話與說喪氣話一樣簡單。而且，我們還可能會開始相信正向事物，發現沒錯，就是這樣。這豈不是很振奮人心？

八、使用心智能力。

做決定，明確說出意見，並加以表達。創造！把事情釐清，但不要太憂慮與偏執。我們不用讓別人替我們做決定，除非我們是在狀況之外。就算是這樣，我們還是可以好好思考，為自己做一些決定。讓別人替我們決定，代表我們被拯救，也就會自覺像受害者。我們並不是受害者。此外，替其他人做決定，也不是我們的責任。我們有能力思考，也讓別人為自己想法負責。一旦我們覺得情況逐漸好轉，並開始做決定，不管決定是大是小，都會對自己更有信心。而周遭其他人也能自己做決定，犯錯的話，也會有所成長。

我們會對自己心智感到放心，而且越來越熟悉。心智是我們的一部分，並運作良好。相信心智，也相信自己的思考能力。

練習照顧自己

1 會是誰為你做決定？你覺得如何？

2 生活上是否有某個重要的人說你不會思考，做不出好決定？這個人是誰？

3 開始每天做一件事，增強自己的心智能力：例如，讀報紙文章，表達觀點。接著你可能會想大膽地向人發表對這個主題的看法，甚至來場精采辯論。

第十二章　設定自己的目標

相信人生值得好好體驗，秉持這種信念，便能創造出這樣的人生。別害怕經驗人生。

——美國哲學家詹姆士（William James）

在進行療癒的期間，我發現了這個最令人振奮的方法：便是設定目標。事情會發生，也會改變。我完成重要的計畫，同時在過程中也有了改變。我認識新的人，也會去有趣的地方。我盡量保持平靜，熬過艱困的日子，把問題解決。我的需求與想望獲得滿足，夢想也實現。

目標提供我們方向與目的

我對於設定目標這件事，感到十分熱血，也希望能把發現這件事的興奮之情傳遞給你。我們去自己想去的地方、得到自己想要的東西、解決問題，或做自己一直想做的事，世界上沒有什麼能與這些相比。

許多人都不曉得這種快樂，對我來說也很新鮮。過去很多年，我甚至連自己想要什麼、需要什麼，想到哪裡以及想要做什麼，都沒去想。我以為人生就是要忍氣吞聲，因此從來不覺得自己配得什麼好東西，也不覺得自己可以掌握大部分美好的事物。我對自己的人生興趣缺缺，除了依附他人，沒想過要過自己的人生。我大部分生活的重心都放在別人身上。我總是太忙於回應，而沒有行動。

我並不是說我們能掌握人生所有的事情。我們不能。大多數事情最後不是由我們掌權，而是上天。但我相信，我們本於良善，可以計畫、請求，並開始行動。

舒茲在《大膽思考的力量》*這本暢銷書寫道：「一旦充分利用，慾望也可以是力量。」無法順從渴望、做自己最想做的事，便是步向平庸。「成功需要心力與靈魂一起努力，而唯有自己非常渴望的事物，才有辦法將心力與靈魂投入。」

把解決問題設為目標

目標也提供我們方向與目的。我們並不是坐上車，發動引擎，之後開始駕駛，就自動能到某個地方，而是先決定想到哪裡，或最後想大概到哪裡，然後朝這個方向駛去。這也是我設法過自己人生的方式。有時中途突然有事發生，基於諸多原因，最後不是去到自己想去的地點。要是改變心意，或有自己無法控制的問題出來攪局，便會發現自己正在做的並非原先計畫的，時機與確切情況都會有所改變。那也沒關係。

通常我最後會到達更好的地方，或更適合我的地方，那裡有接受、信任、信念，以及放手。至少我沒有漫無目的地走過人生。更多我想要的事物會來到。如此一來，我對於如何解決問題就不那麼焦慮了，因為已把問題轉為目標，並且開始去想、去考慮自己的想望與需要。

目標很好玩，能激發對生命的興趣與熱情，有時也讓人生更有趣，更令人覺得過癮。

「……順從渴望，可以獲得能量、熱情、活力，甚至變得更健康……只要設定理想目標，堅持向目標努力，能量便會增加，倍數成長。許多人藉由設定目標，全力以赴完成目標，而找到新的能量。目標能治療無聊，甚至讓許多慢性病所帶來的不適獲得舒緩。」

＊《大膽思考的力量》（The Magic of Thinking Big），大衛・舒茲 (David J. Schwartz) 著。

設定目標讓你自然邁向正確道路

設定與寫下目標具有魔力，可以讓心理、精神與情緒上的力量加添動能。我們不僅會察覺到自己需要完成的事，而且會去做。事情會出現在我們眼前，並且開始發生！以下是《大膽思考的力量》書中另一段內容：

> 關於目標所產生的力量，讓我們再談深入一點。當你順從自己的渴望，讓自己執著於某個目標，你便能獲得達成目標所需的力量、能量以及熱情。但同時你也獲得某樣有同等價值的東西，也就是必備的「自動裝置」，它能讓你直接奔向自己的目標。
>
> 最不可思議的是，確立目標能讓你朝正確的方向，達成目標。這並非空口說白話，而是事實真是如此。當你順應自己的目標，目標本身便會進入你的潛意識運作。你的潛意識永遠都保持著平衡，而意識則不然，一旦與潛意識所想的不一致，便會失衡。一個人若缺乏來自潛意識的全力支持，會變得猶豫不決、不知所措，或者優柔寡斷。現在，帶著已融入你潛意識的目標，你就能自然而然邁向正確的道路，意識也能自由地進行清晰、明確的思考。

什麼是我們的目標？我們希望人生中發生什麼事？是在這個禮拜、這個月、今年，還是未來五年發生？我們要解決什麼問題？想要擁有什麼物質條件？想要做什麼改變？我們有興趣從事的職業是什麼？想要成就什麼？

我不想像教科書那樣，告訴你該如何設定目標。過去講到設定目標都太無趣乏味。以下是我認為很重要的一些概念，你可以找出適合自己的方法。

・將所有事情都視為目標

要是遇到問題，便把解決方法看做是目標。我們未必要知道確切的解決之道，但目標便是要解決問題。我們有想要什麼嗎？是新傢俱、新車、新衣、頭髮留長，還是指甲留長？把它設定為目標。我們想去哪裡嗎，是歐洲、還是南美？想擁有健康又充滿愛的關係嗎？把它設定為目標。有什麼事是自己一直都想去做的？是去上學、去某家公司上班，還是年薪百萬以上？把它設定為目標。需要決定自己想走哪一行？把做決定設為目標。想改變自己什麼？是學會說不、做某個決定，或是解決發脾氣的問題？把它設定為目標。想改善與某些人的關係，例如孩子、配偶或親友？把它設為目標。想要交男／女朋友、減重、增胖、不再擔心、停止掌控他人？想要學著找樂子、獲得某人或某事認可，或者原諒某個人？我相信我們能順利地將人生中每個層面都設定成目標。要是這樣做讓我們苦惱，把它設為目標。要是發覺某件事需要改變，把它設為目標。要是想要什麼，把它設為目標。

‧忽略「應該」

我們有夠多的「應該」在控制自己的人生，但我們在目標中並不需要。把以下設定為目標：去除我們人生中百分之七十五的「應該」。

‧別劃地自限

就去追求吧！任何我們想要與需要的東西、想要解決的問題、每個渴望，甚至是奇想，全都可以去做。別擔心，如果不是我們應得，我們就不會得到；若是我們應得，我相信以此設定目標，成功的機率也會較高。

‧寫下自己的目標

寫下目標特別能帶來力量，而非只大略儲存在腦袋裡。這麼做，我們就不再那麼憂慮，要思考的也比較少，而且可以專心下來，組織好自己的目標。記錄自己的目標也能有助於我們引導自己的心力。不必把目標寫得多有條理、多完美，也不必使用特定語彙，只要寫下來，全部寫下來。

・將寫下的目標託付給上天

告訴上天，這些都是我們感興趣的事物，請祂幫忙，接著謙遜順從，也就是「一切順服上天旨意」。

・放手

不要讓目標離太遠，在需要時能夠隨時看到，但是也不必擔心或執著何時要達成目標、該如何達成、假如，以及萬一……怎麼辦。有些人主張，我們每天都要查看目標，但我不這麼認為，除非設定的是每天的目標。不過，你可以依自己選擇的方式進行。一旦寫下目標，我就不會試著去掌控或強求。

・盡力就好，船到橋頭自然直

以每天二十四小時為單位，去做適當與合理的事。將受到啟發的想法付諸實現。碰到該完成的事就去做。平靜地去做、帶著信念去做。令人驚嘆的事物真的就會因此出現。嘗試看看。我們必須盡己所能去做。不過我相信若能「隨遇而安」，我們會、也能夠做到最好。如果該做某件事的時候到了，我們自然會知道。如果某件事是時候發生，它就會發生。相信自己，也相信上天。

・定期設定目標，有需要就設定目標

我喜歡在新的一年剛開始時設定年度目標，這表示我對接下來一整年的生活充滿期待。我不相信新年新希望那套，但我相信目標。任何時候若有想到新的目標，我也會記錄下來。假如遇到問題、看見需要、感覺想要什麼，我也都會轉為目標，加進個人清單。當面臨危機，感覺快要撐不下去時，我也會用目標讓自己度過難關。然後，我會寫下自己每天、每週或每個月所有想要與需要達成的事物。

・劃掉已達成目標

沒錯，我們準備開始達成目標，滿足自己的想望與需求，完成某些對自己十分重要的事情。一旦目標達成，便可劃掉，並恭喜自己，感謝上天。透過這種方式，我們對自己、設定目標本身、對上天，或對人生節奏，都增添信心。我們會見證好事真的降臨在自己身上。要是某個目標對我們很重要，需要耗費許多心力，或我們在進行時抱持「念力」（包括「一旦問題解決了，就能從

此過著幸福快樂的日子」、「有了新床，從此就能無憂無慮」這種念頭），當真的達成時，有時可能反而會產生失落。要避免這種失落，很重要的便是多列目標，並且避免用自己的意念幻想。我從來沒有因為目標達成或解決問題了，就覺得從此高枕無憂。人生仍會繼續，而我會試圖讓自己過得開心又平靜。

或許我們永遠少不了一堆問題，需要逐一化為目標；也或許永遠都少不了想望與需要。但設定目標的過程，除了能讓人生更有樂趣，也能讓自己在人生高低起伏間保有信念，相信人生是美好的。問題會接踵而至，也會得到解決。需要會出現，然後得到滿足。夢想會萌芽，接著實現。事情會發生，接著好事降臨。隨後更多問題出現。不過，一切都會沒問題。

・要有耐心

相信上天的時間安排。要是某項目標對我們相當重要，但還沒在我們認為應該完成的時間前達成，或未得到自己預期的成果，千萬不要直接刪掉，不然折磨人的「應該」會滲入生活中的各層面。有時我會持續好幾年進行著自己的目標。每次在設定年度目標，我會邊看邊想，「啊，這個問題永遠也解決不了，在清單好幾年了」。或者「這個夢想永遠也無法實現，我已經連續寫了四年」。或是「我個性上的這個缺點永遠也改不掉」。事實不是如此。只是時候未到，還沒發生。以下是我看過對於耐心最好的詮釋，出自侯利描述酗酒的《勇於改變》＊。

我開始了解等待是門藝術，等待是能成就某些事。等待可以具備非常、非常大的力量。時間是非常有價值的。有時，無論你有多努力、灑了多少錢、頭撞了多少次牆壁，某件事今天怎樣就是無法完成，若是等個兩年，或許就能完成。

當我們準備好，整個世界都準備好，時機到了，事情自然就會發生。放下。放手。但是仍然要列出目標。

我們需要為自己設定目標。讀完本章，就從今天開始設定目標吧。要是你想不到有什麼目標，那就定下這第一個目標：「**設定幾個目標**」。你或許不會從此就永遠幸福快樂，可是你會開始過得幸福快樂。

練習照顧自己

1 將自己的目標寫在紙上。試著至少想出十項目標，包括個人想望、待解決的問題，以及自身要改變哪些。任何想到的都盡可能寫出來。

2 把這個設為目標：將任何讓自己覺得是問題的性格特質加以改變。

＊侯利（Dennis Wholey），著有《勇於改變》（The Courage to Change）。

第十三章　溝通

做對自己好的事時，其實可以簡單說一次，接著就別再談。

——卓斯

請看以下的對話。你可能會心有戚戚焉。楷體是說出來的話，仿宋體則是內心真正的聲音。

＊＊＊

丹妮爾準備打給史黛西，想請她在週末幫忙帶三個小孩，但卻不直講，而是設法想讓對方自己提。請注意她所採取的技巧。

史黛西：哈囉。

丹妮爾：嗨。（含糊不清地說。嘆氣。）嘆氣代表：「我真可憐，無助到不行。快問我怎麼了，救救我。」

史黛西：（停了好一會兒）喔，嗨，丹妮爾。真高興妳打來。最近好嗎？沒說話的這個空檔，史黛西心想：「喔，拜託！怎麼又是她。」接著再次嘆氣心想：「天啊，這次又想怎樣？」

丹妮爾：（一再嘆氣。）我的生活大概就都是這樣。妳知道的，一拖拉庫問題。其實她想說的是：「拜託，趕快問我怎麼了。」

史黛西：（接著，又停頓許久）怎麼了？妳聽起來好像很糟。經過這次頗長的停頓，史黛西心想：「等下我不會再問她怎麼了，絕不會上當。我絕不問發生什麼事。」想到這裡，她心裡就有火，隨之而來的則是罪惡感（拯救心理），接下來就會問她怎麼了來拯救她。

丹妮爾：嗯，我老公剛說這週末要到外地出差，叫我陪他。我是想去，妳知道平常我都沒怎麼出門去哪兒。可是我不知道能找誰幫忙帶小孩。我實在不想拒絕我老公，但還是得說不行。他因此心情很差，真希望他別太氣我。嗯，事情就是這樣，唉。唉。丹妮爾在向史黛西施壓，想讓她為自己難過，感到內疚，也對她老公覺得很抱歉。她說話的用字遣詞無不經過慎選。當然，丹妮爾早就答應老公會去，並說會找史黛西來顧小孩。

史黛西：（停頓許久）嗯，我想……也許我可以看看能不能幫妳。這次停頓史黛西心想：「喔，不。不。不！我討厭幫她帶小孩。她從來沒幫我帶過小孩。我不想。不想。去她的！每次都強迫我。真的很卑鄙。可是我要怎麼拒絕？我應該幫助別人，助人一臂之力。況且她又那麼需要我。天啊，真不想讓她生我的氣。還有，要是我不幫，誰可以幫她呢？她真讓人同情。這真的是最後一次，絕對下不為例。」她覺得五味雜陳，有憤怒、同情、罪惡感、自以為聖人，接著又重回憤怒。注意史黛西是怎麼貶低丹妮爾，說她無法自立，也請注意她誇大自己要負責任的感受：「我是世上唯一能幫她的人。」此外，留意她回應時所說的話，她希望丹妮爾能注意到自己是百般不願意，希望丹妮爾跟她說沒關係。

丹妮爾：妳真的可以幫我？太感謝了。妳最好了。我真沒想到妳能幫我。「啊哈！耶！」

史黛西：沒問題。真高興幫得上忙。「我一點都不想幫。為什麼這種事總讓我遇上？」

＊＊＊

接下來的對話是羅伯要妻子莎利打電話給他老闆，說自己生病要請假。其實他昨晚跑去喝酒，喝到凌晨三點才回來。酗酒行為讓他在家庭與工作上一直出很多問題。夫妻兩人對話時，羅伯覺得人不太舒服，很生氣、愧疚又絕望，而莎利也有同樣感受。

羅伯：親愛的，早安。我的甜心今天還好嗎？「老天爺，幫幫我吧，我覺得糟透了，根本沒法上班。老婆在氣頭上，可是我也很難面對老闆。不如哄哄老婆，要她幫我打電話請假，然後我就能回去睡覺。最好現在再來一杯。快點！」

莎利：很好。（先是露出冷眼嫌惡的表情，在一陣沉默後，簡短痛苦地說出幾個字）其實莎利真正的心聲是：「我很痛苦，很生氣。你怎麼能這樣對我？昨晚又跑去喝酒。你才跟我保證過不會再喝了。我們的生活已經完蛋了，你卻毫不在乎。看看你自己現在的樣子，真是爛透了。我受不了了！」

羅伯：親愛的，我今天人不舒服。一定是感冒了，甚至連早餐都吃不下。打給我老闆，好嗎？告訴他我要是有好點，明天會去公司。妳能幫妳親愛的老公嗎？好嘛！拜託。我真的不太舒服。「我很沒力，真的很需要妳。照顧我，就是現在。我知道妳在生我的氣，所以我要讓妳覺得對我很歉疚。」

莎利：我真的覺得不該幫你打電話。要是不能上班，你老闆會希望你自己跟他說。他總會問東問西，我都不知道要怎麼回答。你不覺得自己打比較好？畢竟，你知道自己想說什麼。「我討厭打給他老闆，也不喜歡幫他撒謊。但如果我不這麼做，他就會發火。我要試著比他更無助。」

羅伯：妳是怎樣？就不能幫我個小忙？就這麼自私？我知道妳在生我的氣，一直都在生我的氣。有妳這樣的老婆，難怪我會用酒精麻痺自己。好呀，就不要打。但要是我被開除了，就全是妳的錯。「她竟敢忤逆我？」他心想。接著決定是時候要來硬的。他必須讓她打電話，因此決定讓她產生極大罪惡感，外加些許恐懼。他很清楚她擔心他沒了工作，而這樣一來，他也就為今天出去喝酒鋪好路。

莎利：好，我幫你打。但這是最後一次，以後休想再要我打。而且要是你又跑去喝酒，我就要離開你。莎利覺得迫於無奈，還是打給丈夫老闆。羅伯的論點都頗有理，擊中莎利所有死穴。她怕被認為自私，因為她如果真的自私自利，那真的就太糟糕；她覺得有罪惡，因為她知道自己無時無刻不在生氣；她認為自己該為丈夫酗酒負責；她也怕他會丟了飯碗。至於威脅她丈夫說再喝就一走了之，也只是說說罷了，壓根兒也沒想過要離開。而下次羅伯再央求，她還是會幫忙打。打完便對丈夫大發雷霆，讓他不好過。然後又會自哀自憐，覺得自己是受害者。另外，莎利仍有極度罪惡感，認為自己有這樣感受與反應，八成是自己哪裡有問題，因為羅伯如此振振有詞，而自己卻這麼軟弱又容易崩潰。

***

再來的對話，是一名諮商員與某位酗酒丈夫及妻子在家庭療癒團體的談話。這對夫妻看起來十分完美。他們並非首次參與這個團體，不過之前都不是討論焦點。

諮商員：史帝芬與喬安，很高興你們今晚都能來。最近過得好嗎？

史帝芬：我們很好。挺好的，對吧。喬安？

喬安：（微笑）是啊。一切都很好。（神情緊張地笑）

諮商員：喬安，妳雖然在笑，可是我覺得有些不太對勁。妳說出來沒關係。把自己感受說出來，或是談談個人問題都不要緊。這就是這個團體存在的目的。笑容底下想的是什麼？

喬安：（笑容垮掉，開始哭泣。）我真的恨透了這樣，非常痛恨他動手打我，痛恨害怕他的感覺。我討厭說謊，也討厭說話不算話。我不喜歡被打。

＊＊＊

聽了這些人的心聲，讓我們想想自己與他人的對話。很多人的溝通技巧不佳，用字遣詞很小心，好操縱、迎合他人、控制、掩飾，以及減低罪惡感。我們的溝通帶有壓抑的情緒與想法、隱秘的動機、低落的自我價值和羞愧。我們想哭時卻硬是強顏歡笑，表面上說沒事，其實卻不是這樣；我們讓自己被欺負踐踏，有時則回應不當；或者找藉口合理化、補償，或是帶人到處亂闖。我們吵吵鬧鬧，糾纏威脅，接著又打退堂鼓。有時撒謊。通常我們帶有敵意，不斷道歉，對自己的想望與需求是用暗示的。

有些人拐彎抹角，不說心裡話，說出來的也不是自己真正想表達的。

我們的真面目是自己所擁有的一切

我們不是故意這樣，而是一直學到的都是用這種方式溝通。在童年時期或成年階段，我們學到不該討論問題、表達感受與意見；也學到不該直接表明自己想要什麼；而拒絕他人及為自己挺身而出，絕對是錯的。成癮者父母或配偶都相當樂意教我們這些規則，而我們也都非常願意學習與接受。

包約翰在他討論溝通的書《為什麼我不敢告訴你我是誰？》當中，問了下面這個問題：我們為何不敢告訴別人我們是誰？我們每個人都必須回答這個問題。作者認為，原因在於我們的真面目是自己所擁有的一切，我們怕會被拒絕。我們之中有些人是因為不確定自己是誰、不知道自己想說什麼，而感到害怕。很多人則是被我先前提過的一個或更多家庭規則限制與掌控；也有某些人必須遵守這些規定，來保護自己，才得以生存下去。然而，我認為，絕大多數人會害怕讓別人知道真實的自己，是因為不相信做自己是ＯＫ的。

我們許多人不喜歡自己，也不相信自己。我們不相信自己的想法，不相信自己的感受，認為自己的意見糟透了，不認為自己有權利說不。我們不確定自己想要什麼；就算確定，也會有罪惡感，所以絕不會加以重視。或許我們還會因某些自身問題而覺得丟臉。我們許多人甚至不相信自己能正確找到問題，而且要是別人堅持沒這個問題，便會非常容易退縮屈服。

溝通並無什麼難懂之處。我們所說的話都反映出真實的自己，包括我們的想法、判斷、感受、價值觀、榮耀、喜好、厭惡、懼怕、渴望、希望、信念及承諾。若是人生不順，在溝通時便會反應出來：我們會批評別人，好像自己什麼都知道；會因他人感到憤怒、受傷、害怕、有罪惡感，受人控制、軟弱。我們亟欲控制他人、害怕遭否定與嫌棄、不計代價討好別人。我們想要所有的一切，卻認為自己不配、什麼都得不到，除非強行使事情發生，並不斷投身為別人的行為與感受負責。我們也因此充滿了許多負面感受與想法。

難怪我們會有溝通問題。

拒絕別人是OK的

確切、坦承地說出來並不難，而且是簡單容易的。先了解做自己並沒錯，我們有感受與想法也沒什麼不對。我們的意見是重要的，談自己問題是沒關係的，拒絕別人是ＯＫ的。

我們「可以」直接說不，只要我們想，隨時都行。拒絕不難，現在就說不，說十次。看，很簡單吧。順道一提，別人也可說不。雙方若都有同等權利，說不就容易得多。只要答案是不，一開頭就說不行，而不是說「我不想」、「也許」，或者其他模稜兩可的語句。

心口一致，說什麼就是什麼。要是想法還不明確，先靜下來想清楚。如果我們想說的是「不知道」，就說「不知道」。學習表達簡潔有力。別拐彎抹角，說出重點，說了就不要再廢話。

談談自己的問題。我們並不會因為展現自己、透露目前處理問題，便對不起某人。我們這樣是不再偽裝了。向我們信任的朋友吐露秘密，對方不會以此為把柄攻擊，或讓我們感到丟臉。我們能做決定，選擇跟誰談、傾吐多少，以及談的最好時機。

表達我們的感受，公開、坦承、恰當又負責地表達，並讓別人也如此表達。學習這個用語：**我覺得**。讓他人也這樣說，而且在他們說出來時學會傾聽，而非直接去解決。

我們能說出自己想法。學會說：「**這就是我的想法。**」我們的意見可以與他人相左，那並不表示我們是錯的。不必因此改變自己的想法，別人也是如此，除非其中一方想要改變。

我們甚至可以犯錯。

不必為迎合別人而刻意改變

說出自己預期什麼，但不必要求他人改變，以符合我們的需求。其他人也能說出他們的期待，我們同樣也不必為迎合他人，刻意改變。

我們可以表達自己的需求。學會說這個句子：「這就是我需要你的地方，也是從你身上獲得的。」

我們能說實話。捏造我們的想法、感覺及需求，其實並不禮貌，這是在說謊。

我們不必被其他人所說的話控制，不必處心積慮用自己的話及其他特殊手段去掌控他人，也不必受操控、產生罪惡感，不必被壓制或硬被逼做某事。我們能主動開口，照顧自己！學會說：「我愛你，但我也愛自己。我需要做的便是照顧『我』自己。」

學會說：這是我的底線

正如一位諮商員所說，我們能學會忽視周遭的胡扯。面對別人的病症，無論是什麼問題，還是其他強迫症行為，都可拒絕不談。假如是荒謬不合理，就是荒謬不合理，不必浪費時間去弄清楚，或是說服別人某某某說的話沒有意義。學著說：「這件事我不想談。」

我們可以很果斷，為自己挺身而出，而不至於咄咄逼人，和人起摩擦。學會說：「這是我的底線。這是我的極限。超過，我是不會忍受。」真的就這麼做。

我們能表示同情與關切，而不是拯救。學會說：「聽起來你正遇上麻煩，有什麼需要我幫忙的？」學會說：「你遇到這種問題，我很遺憾。」接著，就放手，不需試圖解決。

我們可以與別人討論自己的感受與問題，但不要寄望他人拯救。我們只是要人傾聽，或許我們要的就是這樣。

把自己當回事

我們普遍會想這樣抱怨：「沒人把我當一回事！」那就把自己當一回事。適時給自己一點幽默，來保持自身內心的平衡，就不會擔心他人有做或沒做什麼。

學會聽別人在說什麼或沒在說什麼。學會傾聽自己的聲音、留意所用的語調、用字遣詞、自我表達的方式，以及腦中浮現的念頭。

說話是一種工具，也是種樂趣泉源。我們藉由話語來表達自己，藉由話語來讓對方聽到自己的心聲。說出來能讓我們了解自己，幫助我們了解他人，也幫助我們對他人傳達訊息。有時我們與人交談，是要拉近彼此距離，使彼此熟悉。或許我們並不是一直都有許多驚天動地的事要說，但我們想要與人接觸，填補人與人的歧異，想要分享與親近。有時與人聊天，只是好玩、開心、玩鬧、說笑與找樂子。有時則是為了照顧自己，表明自己不會任人欺負和虐待。我們愛自己，會為自己好而做出最好的決定。而有時沒特別原因，就只是交談。

說出實話，能讓我們自己自由

我們需要為溝通負責任。讓我們的言語反映高度自我尊重與尊重他人。**誠實以對**，**直截了當**，**清楚坦白**。在適當的時候要表現出溫柔與關愛。表現堅定的時候，就表現得堅定。還有，最重要的就是做自己，並說該說的話。

依著我們的想法、感受與瞭解，有尊嚴、自愛地說出實話，便能讓我們自己自由。

練習照顧自己

1 讀以下這些書：包約翰《為什麼我不敢告訴你我是誰？》以及貝爾（Jean Baer）《該如何在人生中、愛情或職場上，扮演果斷的女性（卻不過於強勢）？》。（How to be an Assertive〔Not Aggressive〕Woman in Life, Love, and on the Job）。後者也非常適合男性閱讀。

第十四章　其他重點

當白馬王子真的來到，我可能還彎身在池邊親吻青蛙。

本章涵蓋有關自我照顧的其他要點。

戲劇化成癮者

有些人會變成所謂的戲劇化或危機成癮者。很奇怪的是，問題居然會讓人上癮。要是生活都是悲劇、危機與長時間動盪，問題所產生的恐懼與情緒刺激，也會變成習慣的情緒經驗。卓斯在《讓他們清醒》一書中，提到這種感受是「亢奮的悲慘。」我們不久便會非常習慣隨著問題與危機而出現的情緒起伏，以致於連不是自己關切的問題，都可能涉入其中，甚至可能開始惹出麻煩，或麻煩鬧大到讓自己亢奮起來。這對嚴重忽視個人生活與感受的人來說，尤其貼切。當涉入某個問題，我們會覺得自己還活著。一旦問題解決，我們可能就感到空虛失落，頓時無事可做。處於危機反而令人自在，讓自己生活不會單調乏味。就像看連續劇上癮一樣，只是每天的危機是發生在自己或親友的生活中。「小茜會離開阿德？」「我們能拯救小曼的工作嗎？」「阿杜會怎麼從困境脫身？」

在我們放手轉而開始注意自己的事，並且生活最終歸於平靜之後，有些人偶爾還會渴望先前的那種亢奮情緒，可能不時覺得新的生活無趣。其實，我們只是太習慣動盪不安，情緒也一直激昂亢奮，所以一開始平靜的日子就顯得太平淡。我們會適應的。隨著展開自己的生活、設定目標、找到吸引自己的事物，我們會習慣平靜的日子，而且覺得比起混亂的狀態，現在更能令人心安，如此便不再需要或渴望亢奮的悲慘。

我們必須學會辨認出自己何時在尋求「亢奮的悲慘」。要了解，我們其實不必製造或涉入別人的問題。找到創意十足的方法，滿足自己對有變化的生活的需求。找份能樂在其中的工作，讓自己的生活擺脫亢奮的悲慘。

期望

期望是個令人困惑的主題。絕大多數人都有期望。就意識的某個層面來說，我們對於自己希望事情如何演變，或想要他人有何作為，會懷有某些想法。但最好還是拋開期望，這樣才能放手；最好別把個人期望強加在他人身上，或試圖控制事情的結果，因為這樣做都會產生問題，而且通常都是徒勞無功。那麼，該怎麼面對期望呢？

有些人會努力放棄所有期望，只活在當下。這著實令人敬佩，但我認為這裡的重點是，要為自己的期望負責。把期望攤開來，仔細檢視，並加以討論。要是期望涉及他人，就與相關的人談談，看看他們是否也有類似的期許，並評估是否務實可行。

比方說，期望心理不健康的人會有健康行為是白費的；而根據一位諮商員的說法，期望相同的行為會產生不同結果，是不夠理智。接下來，放手，靜觀其變。不刻意強迫，就讓事情自然發生。若是我們仍感覺失望，可能是有問題要解決，或許是自己、別人，或是當時情況。

有期望並不要緊。有時它們會是我們渴望、需要、希望與恐懼的真正線索。我們有權利期待好事發生，表現出適當的作為。若是一直期望好事發生，並有適當作為，可能會有更多好事降臨。

此外，倘若我們有期望，當沒有實現時，也會有所領悟。但我們要了解，這些只是期望，屬於我們個人的，卻不都是我們作主。我們可以確定自己所懷的期望是合乎現實且恰當，且不容許任何期望與現實抵觸，或是破壞了正在發生的好事。

害怕親密

大多數人想要、也需要愛，而且想要、也需要與人親近。然而恐懼的力量也一樣強大，與我們對愛的需要相互競爭。更具體一點說，這種力量就是害怕親近。

對許多人來說，相較於對感情敏感、親近、表現愛，獨自一人或在關係中「不投入感情」，會比較令人有安全感，這我能理解。儘管我們不去愛時，想要與需求無法獲得滿足，但或許感覺比較心安。我們不會冒險承擔親近所帶來的脆弱和不確定，以及因愛所帶來的痛苦。

對多數人來說，愛已經帶來極大的痛苦。我們不會冒然讓自己陷入無法走下去的感情，也不會去做自己，包括誠實地表達情緒，也可能會否認。我們不會冒險讓別人拋棄自己，因此沒必要去經歷建立感情的尷尬期。一旦我們不與人親近，至少會知道該期待什麼，也就是無所期待。否認愛的感受，能保護我們避免因愛產生焦慮。

愛與親密常會讓人感覺失控，而且挑戰了最深沉的恐懼：關於我們自己是誰、做自己是否沒關係、他人是誰，以及他人做自己是否ＯＫ。愛與親密這兩者，都涉及他人，是一般男女所承擔的最大風險。這其中需要坦誠、直覺、脆弱、信任、責任、接受自己與接受他人。愛會帶來歡樂與溫暖，但也要求我們願意有時體會受傷與遭拒的感受。

我們許多人都會避免太過親密，而非承擔當中風險。我們會用很多方式，從愛落跑或避開親密。我們會推開別人或去傷害別人，好讓人不想接近，而心裡也想著荒謬的舉動，說服自己不想與別人親近。我們會對每個認識的人找碴，搶在別人拒絕自己前，先拒絕別人。我們帶著面具，掩飾真實的自己。

牛奶稀釋法

此外，我們會在各種關係中分散自己的能量與情緒，讓自己不會與任何人太親近，或受到誰吸引，這種方式稱為「牛奶稀釋法」。我們與人建構表面的關係，這樣就不會被要求親近，也不會有所期待。我們有如在演戲，而不是做真實的人，並在現有關係抽離自身情緒。

有時為了避免與人親暱，便直接拒絕坦承與坦白。有些人會因害怕而原地不動，無法建立關係，或不能在現有關係中享受親密感；有些人則選擇逃跑，讓自己遠離可能有愛、感情與風險的環境。正如有位朋友所說，「我們每個人的櫃子都有雙跑鞋可以落跑」。

我們逃避親密關係的原因很多。有些人也許從沒學過該如何發展關係，也不知道一段關係開始後，該如何表現親密。在家庭中，表現親密是不安全、不會被教導，也不被允許。對許多人而言，照顧便順理成章代替了親密。

我們有些人容許自己跟人親近一兩次，接著就受傷。就某種程度來看，我們可能會認為，避開親密、別再冒險受傷，才比較安全恰當。

有些人學到對自己不利的關係，但對有些人來說，逃避親密或避免親密，可能已經成了習慣（是具有殺傷力的習慣），導致自己無法獲得真正想要與需要的愛與親密。有些人則會騙自己，所以甚至連自己在逃避或要逃避什麼都不知道，而且沒必要躲開的時候，也會逃跑。

與人親密看起來好像很嚇人又惱人，但其實不必這麼害怕，也沒那麼困難。只要能放輕鬆，讓事情自然發生，會感覺很美好。

會對親密與愛感到害怕是不要緊的；讓自己去愛，去與人接近，同樣不要緊；而付出與接受愛也都是沒關係的。我們能決定要愛誰，以及何時去愛。在他人面前做自己也是ＯＫ的。勇敢一些！我們能相信自己，並度過關係一開始的尷尬與摩擦。我們能找到信得過的人，對他們敞開心胸，誠實做自己，三不五時還能處理受傷或遭拒等情緒。

我們能夠愛，但又不失去自我或放棄自己底線；我們能同時愛與思考，並順利脫掉自己的落跑鞋。

我們可以問問自己，是否在現有關係裡逃避親密？是怎麼逃避？有必要嗎？原因為何？知道自己想與誰親近？有誰是可靠的、可以去親近的？為什麼不一步一步去接近這個人？喜歡建立新的關係嗎？該如何做？在現有的關係中，我們是否想要與需要多點親密，但卻又不想這樣？為什麼？

財務責任

有些人在經濟上依賴他人。有時這種情況是經過雙方協議，例如，妻子待在家照顧小孩，丈夫在外面工作，提供經濟來源。有時則不是經過協議，舉例來說，有些人自覺成為受害者，認為自己無法養活自己。而許多人是曾經經濟上獨立，但由於所愛的人有成癮問題或有其他問題，導致挫折沮喪到無法工作，有些人乾脆放棄：「要是你不在乎錢，那我也不必在意。」

有時，有人是得養其他成年人。我常看到妻子身兼兩到三份工作，丈夫卻一毛錢也沒拿回家，成天白吃白喝還白住，整天盯著電視。

不管是哪種情況都不好。每個人都應該在財務上為自己負責，其他方面也是如此。這不是說家庭主婦必須外出工作，才算在經濟上負責。料理家務也算工作，很重要又令人欽佩。如果這是個人選擇要做的事，我相信他／她也分擔了責任。

要在經濟上盡責，並不表示所有事都必須平等分攤。個人承擔經濟責任是種態度，代表自己確實知道自己的責任是什麼，並開始扛起責任。這也表示我們允許（或甚至堅持），讓別人為他們自己的財務負責，包括熟悉個人所有財務狀況，並決定哪些責任該由誰負起。哪些帳單要付？什麼時候付？何時該繳稅？需要多少錢才能撐一段時間？我們在當中的角色為何？我們現在做的與應該做的相比，是太多還太少？假如我們的責任不是工作賺錢，我們是否起碼要了解，有朝一日自己可能也得去工作？我們是否感覺自己在財務上有負責任？還是被嚇到？我們旁邊的人，是否有為他們自己承擔適度的財務責任？或者是我們在替他們扛責任？

懂得處理錢財是人生重要的一環。賺錢、付錢、覺得在財務上負責，是照顧我們自己的一部分。許多人辭職不幹，為的是要控制另一半；也有人將生活重心都放在旁人身上，忽視自己的職場生涯，卻發現即使是薪資不高的兼差工作，居然可以提高個人自尊。我們忘了自己是有價值的，而且有人會因我們的才幹能力付錢。很多人經濟上長期依賴另一半，但也喜歡自己擁有錢的自由。這是正向感受，也是我們開始過自己生活可以思考的方向。

在經濟上依賴他人，會連帶引發情緒上的依賴；而情緒上依賴某人，同樣會造成經濟上的依賴。在經濟上為自己負責，不管是怎麼達成，都能有助於擺脫依附，真正放手。

原諒

有些不當的行為會扭曲及誤解許多美好事情，例如原諒的核心本質。我們不斷原諒相同的對象，聽信承諾、相信謊言、試圖再多原諒一些。我們有些人可能到了再也無法原諒的臨界點；有些人則不想原諒，因為原諒會讓人受到更深的傷害，而且相信自己無法承受更多的痛楚。原諒與我們為敵，變成痛苦的經驗。

有些人可能真的試著原諒；有些可能覺得自己已經原諒，但痛苦與憤怒就是沒有消失。有些人則是一直遇上需要原諒的事情，因為問題發生太快，根本還搞不清怎麼回事，在還沒真正撫平傷痛、說出「原諒」之前，另一件難搞的事又來打擊了。

然後我們有罪惡感，因為有人會說，「為什麼你就是不能原諒，把事情淡忘」？不了解成癮行為與其他強迫疾病的人，經常會這麼問。對許多人來說，問題並不在於遺忘。原諒與遺忘會助長我們一直想否認。

我們需要去思索、記住、了解，跟決定好要原諒什麼、可以原諒什麼，以及什麼問題還未解決。原諒並不代表讓別人再三來傷害我們。成癮者需要的不是原諒，而是治療。我們不必原諒成癮者，至少一開始不用，而是需要退後，才不會讓對方踐踏個沒完。

我的意思不是指不要原諒，所有人都需要原諒。怨恨與憤怒會傷害自己，而且對他人也沒什麼幫助。原諒是很美好的，它將不好的事情清除得一乾二淨，並且掃除罪惡感，帶來和平與和諧，體現所有人都有的人性，表達出：「沒關係。不管如何，我還是愛你。」但我想我們必須先對自己溫柔關愛，並原諒自己，才能期望原諒他人。而當我們寬恕他人時，我認為是需要思考怎麼做、為什麼以及什麼時候做。

此外，原諒與接受悲傷過程乃是密切相關。若是還無法全然接受那個人所做的事，我們是不能真正原諒對方。

我們若是努力照顧好自己，原諒該來時自然會來到，別讓他人用這點來對付我們。當旁人覺得我們應該原諒某人，而我們還沒準備好，或不認為原諒是適合的話，千萬別因此讓旁人迫使我們感到罪惡。為原諒負起責任。基於好的決定、高自尊，以及瞭解自己正在處理的問題，便能適時原諒別人。

別濫用原諒，讓傷害自我變得合理，也別誤用原諒，讓別人持續傷害他們自己。我們能有自己的計畫、過自己的人生。如果我們照顧自己了，便會了解要原諒什麼與原諒的時間點。

當我們這麼做時，別忘了原諒自己。

青蛙症候群

療癒團體間常會流傳一件軼事，那就是：你有聽過女人親吻青蛙的故事嗎？她原先希望對方變成王子，結果非但願望沒實現，自己也變成青蛙。

許多人都愛親吻青蛙，我們從他們身上看到許多長處，有些人甚至親過幾次後，會逐漸不自覺受青蛙吸引。成癮者與其他有強迫症的人，都頗具吸引力。他們散發力量、能量與魅力，許下承諾，要給你全世界。就算帶來痛苦、煎熬與煩惱都不要緊，因為他們所說的話是如此動聽。

我們若是不去處理自己的問題，非常有可能會一直認為青蛙別具吸引力，而跑過去親吻。即使我們處理了自己的問題，我們可能還是會接近青蛙，但至少能學會：別與他們一同跳進池子裡。

玩樂

當我們討厭自己時，其實很難找樂子。當有人把錢全數拿去買別的東西花光光，因此沒錢買生活用品時，其實也很難過得快樂。當我們把壓抑的情緒憋在心裡、因掛心某人而心煩、充滿罪惡感與挫敗、堅持控制自己或他人，或擔心他人對自己觀感，要過得開心，幾乎是不可能。然而，大部分人都沒有想到我們，他們只顧著擔心自己，或是我們怎麼看待他們。

我們需要學會玩樂，讓自己快樂。安排玩樂，讓自己開心快活，是照顧自己很重要的一部分。這能讓我們身心健康，工作更有效率，而且生活達成平衡狀態。我們值得快樂過活。玩樂是生活很正常的部分。玩樂是花時間慶祝自己活著。

我們可以在例行生活中安排玩樂時間，我們能學會了解自己何時需要玩樂，以及自己喜歡做什麼事。要是沒這麼做，我們可以將「學習玩樂」視為一個當下的目標。開始行動，就只為自己，因為自己想要。剛開始也許不太自在，但不久就會好很多，會有趣起來。

我們能讓自己享受人生。如果想要某樣東西，自己又負擔得起，就買給自己。如果想做的事是合法無害，就放手去做。如果去做的事是屬於玩樂性質，不要讓自己覺得有罪惡感。順其自然，享受生活。我們能找到自己喜愛做的事，然後讓自己樂於去做。

我們能學會放鬆，享受每天所做的事，而不只是玩樂活動。另外，就算成癮者已經很久不會讓我們覺得自己很慘，烈士的犧牲心態仍會來干擾我們，不讓我們好過。受苦會成為習慣，享受生活與善待自己也同樣能成為習慣。試著做就對了。

限制／界線

有人說到界限的問題。我同意，很多人大都沒有明確界線。這是我界線就是所謂限制，代表：「這是我的極限。這是我所能或不能為你做什麼的界線，也是我對可以容忍的界線。」

我們大多數的關係都是從劃定界線開始。我們會有某些期望，對於我們可以容忍或不可以容忍別人的事，也有自己的想法。成癮行為與其他強迫症，會直接對這些限制置之不理。有這些疾病的人非但測試我們的底線，甚至大膽跨越。每回這些有病的人測試或跨越界線，我們都直接投降，放寬界線，讓別人有更多空間來施壓。隨著這些有病的人步步進逼，我們也一再讓步，直到我們去容忍以前強調絕不容忍的事，去做以前說過絕不去做的事。而後這個「逐步通融」不當行為的過程，可能會徹底翻轉。我們可能連一般最普遍的行為，都變得忍無可忍。一開始我們還會為他人的不妥行為找藉口，最後則毫無藉口可言。

我們許多人除了開始忍受不正常、不健康或不恰當行為，也會更進一步說服自己，說這些行為很正常，而且是我們應得的。我們可能變得非常習慣他人的言語虐待，以及他人對我們的不尊重，結果這些事情發生時，我們甚至無法察覺。

不過，在內心深處，我們自己一個很重要的部分還是會知道。我們自己是知道的，而且若是願意傾聽，這「自我」會告訴我們。有時面對某些相對輕微的問題，「自我」對此的反應會比對其他更嚴重的問題還要激烈。我們會感覺有事不對勁，開始覺得自己要瘋了，卻不知道為什麼，因為找不到問題。

我們需要界限。我們要為對他人或為他人所做的事設限。與我們有關的人，都必須知道我們是有界線，這對雙方都好。我並非建議我們要變成專制暴君，也不贊成完全沒有彈性，但至少自己要清楚底限在哪。隨著我們成長與蛻變，可能也會想改變界限。以下是一些可供參考的界線：

- 不讓任何人在言語或肢體上糟蹋自己。
- 明知對方不誠實，不會相信或幫忙圓謊。
- 不允許家裡有人嗑藥。
- 不允許家裡有犯罪行為。
- 他人不負責任行為所造成後果，我不會出手搭救。
- 他人不負責任的行為，我不會出錢幫忙。
- 不會假保護自己或他人之名，撒謊隱瞞成癮行為。

• 不會把家裡變成成癮者復元的戒癮中心。

• 假如你要發瘋，不干我的事，但只要我在，想都別想。不是你走，就是我離開。

你可以破壞自己的每一天、自己的人生，那是你的事，我可不會讓你壞了我的興致、破壞我的每一天、我的人生。

有時對於特定關係，有必要設定明確的界限，例如：「我不會再幫某某某帶小孩，因為我不想，而且她總是在佔我便宜。」

設定界線，但要確定真的是我們所要的界線。那些我們厭惡、受不了，或威脅對方事情，可能都是必須加以設限的線索，也可能是暗示自己的內在要改變。心口一致，說出來的，就是我們的想法。他人可能會因我們設限而生氣，但他們再也不能利用我們。他們可能會試圖讓我們有罪惡感，這樣我們就會移除限制，重回過去讓別人虐待或利用我們的模式。別因此示弱或有罪惡感。

我們能堅守自己的底線，並確實執行。要堅定。每當設限，接下來便可能不斷被測試。別人會這麼做，是為了看看我們是否來真的，特別是我們之前說話並不算話。我們過去威脅對方時，說過不少空話，因此不被當真，然後才納悶為何別人不把自己的話當回事。

告訴他人我們的界線是什麼，鎮定地說一次。此外，也留意自己的容忍程度，讓情況不至於過於搖擺，趨向極端。

有些人可能覺得和子女及生活中有問題的成人很難設限，要確切執行也不容易。設限需要時間並三思，而執行則需要花費心力，態度要堅定。

不過，所有界限都值得投注時間、心力及思考，來設定與執行。最終界線將反而會給予我們更多時間與力量。

我們的限制是什麼？需要建立什麼界限呢？

照顧生理上的需求

有時候我們會疏於照顧自己的健康與外在的裝扮。讓自己盡可能看起來呈現最佳狀態是不要緊的！我們可以剪個頭髮或改變造型。這是一般日常生活的一部分。我們可以穿著打扮整齊，讓自己感覺很不錯。照照鏡子，要是覺得不喜歡，就改變一下。要是無法改變，也能放寬心，而不討厭自己，並坦然接受。

不要忽略運動的重要性。假如生病，去看醫生；假如超重，想想要做什麼來照顧自己。越不照顧自己身體，對自己的感覺也就會越糟。有時只要做些小事，就能讓自己心情大好。跟自己身體各個部位碰觸，並傾聽它們的聲音，提供它們個別所需。照顧自己，也是指照顧身體及外表。每天都來練習一下吧。

照顧自己情緒也與身體息息相關。越照顧自己的情緒，便越能滿足自己的需求，也越不會讓自己生病。如果我們拒絕照顧自己的時間太久，身體會起來反抗、生病，強迫我們與旁人提供所需照顧。最簡單的做法，便是好好照顧自己，不要等到生病才來照顧自己。

專業協助

當我們出現以下狀況，就需要尋求專業協助：低落沮喪，想要輕生。

- 想要介入與對抗某個成癮者或有問題的人。
- 在性或生理上，長期遭人虐待。
- 有酒精或其他毒品問題。

- 似乎無法自行解決問題，或自己「解套」。
- 基於某種理由，相信自己可以從專業協助中獲得幫助。

向專業人士尋求協助時，我們要記得相信自己，並留意自己的感受。要是對特定機構或某位人士感到不自在，無法認同諮商進行方向，或不管有無得到幫助，都無法信任對方，換個專業人士。我們可能正經歷改變，產生一般常見的抗拒，也可能是該專業人士並不適合自己。

有位女性尋求私人治療師的專業協助，原因是女兒嗑藥，有許多行為上的問題，造成家庭關係破裂。治療師把全家人都叫去諮商，然後花了大部分時間來設法說服父母，女兒的行為會出問題，都是因為他們抽菸。顯然這位諮商對抽菸本身有偏見，而諮商目標也從「女兒行為」，轉為「父母戒菸」。這對夫妻對這樣的諮商有些困惑不解，無法全然認同，但因為實在是急於尋求協助，而且認為專家一定懂得比較多。經過三個月無效諮商之後，這對夫妻才終於領悟到，再這樣下去不會有結果，只是讓他們荷包大失血。我並不是說戒菸不好，但這並不是這個家庭尋求協助的問題。

要是我們去尋求協助，卻發覺並不適合，就另覓他處。如果我們真的努力嘗試，卻行不通，那就換種方式。我們不必把自己思考、感受及做決定的能力交給任何人，即使對方有博士學位。

讓自己盡可能得到最好照顧。

正面安撫

這裡指的是之前療癒團體常常進行的「交流分析」*。我們絕大多數都需要他人，也至少都有些人際關係。與這些人在一起時，若不是感到溫暖關愛，就是毫無感覺、冰冷敵對。我們能說出真實、溫柔及感謝的事，而他們也能回應我們這些事；我們能撒謊，別人也同樣會撒謊；我們會說些表面又不重要的事，對方也會回應一樣的事；我們能說心煩討厭的事，別人也會以相同方式回應。上述幾件事，我們大多數人三不五時都會做個一兩件事。

這個方法是要努力維繫好彼此的關係。要是身邊沒有能讓自己誠實、溫柔、關愛及感謝以對的人，那就去認識幾個。要是別人對我們說難聽的話，想讓我們意欲報復，別這麼做，試著讓對方不要再這樣。要是無法改變這個人，換個人談。我們需要被好好對待，如此有助於我們成長，也

*交流分析，原文為 Transactional Analysis。

能讓人感覺美好。

此外，可以努力有良好的肢體互動。我們不必讓他人對自己動手，也不需對他人這麼做，可改成擁抱對方。要是擁抱不恰當，可以用溫柔關愛的方式接觸對方，從而交流正向能量。某些人認為，擁抱只是浪費時間，或是不必要的舉動，只有情感太豐富的人才會喜歡。請讀以下摘自《享瘦，從心開始》的段落，再思考看看。

……一九七〇年代早期，醫生開始研究神經系統中的某種機制，發現它會產生類似嗎啡的反應，能有助於減輕痛苦，並抑制創傷與驚嚇。

這些近似嗎啡的物質，稱為腦內啡。這些物質默默撫慰傷痛，緩和抑鬱，讓整體狀況變好。有些研究顯示，暴食者與酗酒者所產生的腦內啡，少於一般人……他們因為產生的腦內啡較少，經常會感覺暴躁。而攝取糖分能促進腦內啡生成，因此進食能消除這種坐立難安的情緒……

要是所遭遇問題是厭食，則是會從不吃得到類似「亢奮」情緒的慰藉。那種亢奮的情緒，來自於挑戰自己的極限，很類似「跑者的亢奮」……但要增加腦內啡，其實還另有方法……其中包含擁抱。沒錯，就是擁抱。當轉向同伴，伸開雙手擁抱對方時，就會促成腦內啡開始流動，而心神不寧的情緒，也會因朋友關愛的溫暖得以緩解。像狗狗跳起來，想要人揉胸或拍頭，其實不蠢，牠只是想讓腦內啡升高，令自己開心。

我們有些人經常難以接受讚美，也就是正向安撫。我們大可以不再否認自己是很好的人，有很好的特質。要是有人讚美，就欣然接受，除非有預感對方其實居心叵測。就算他人想操控我們，還是能接受讚許，但拒絕受人左右。讓讚美進到自己內心，迎接溫暖光輝。

我們值得受人稱許，也需要正面評價，所有人也都需要。讚美可以讓我們相信，自己是如此努力，足以相信自己是好人。讚美的好處就是，我們愈相信自己具備美好的特質，得到的就會愈美好。

我們也能傳遞讚美，讓正向能量廣為流傳。我們能分享自己喜歡他人哪個方面，並表達出欣賞對方的哪一點。誠實說出來，但要好好說。

我們能知道自己何時需要給予別人撫慰，也會知道自己何時需要和別人在一起，得到些許慰藉。選擇能帶來正向力量的朋友。我們周遭有些朋友，有時會將我們視為受害者、無助又不能照顧自己。這些朋友會表現出同情，雖然是聊勝於無，但卻不是正向撫慰。真正的愛是，「你遇到了問題，我在乎，也會聆聽，但不會、也不能直接幫你解決」。真正的友情是，「我非常相信你，會讓你自己想出該怎麼做。我知道你一定沒問題的。」

信任

我們經常不確定誰可以相信或什麼時候可以相信。「他已經治療兩週，對我撒過一百二十九次謊。現在對我發飆，因為我說不相信他。該怎麼辦？」

我常常聽到類似的話。我的回答始終不變：信任與愚蠢是不同的，你顯然不相信那人。別試圖讓自己相信某個你無法信任的人。

整本書我一再強調一句話，現在我要再說一遍：**我們能相信自己**。相信自己有辦法決定誰可以相信。許多人對於信任都曾做過不當的決定。如果成癮者沒去接受相關治療，那麼相信他／她永遠不會再犯，是不明智的。就算接受治療，就認為對方從此不再犯，也同樣不明智。人的行為舉止是很難掛保證的。但我們能相信每個人能做自己，也能學會看清別人。

搞清楚他人是否言行一致。他們說的與做的是否一致？就像有位女士所說：「他現在看起來很不錯，但行為卻沒多少改善。」

假如我們關注自己，並留意從外界所接收訊息，便會知道該相信誰、什麼時候可以信任，以及為什麼要信任某人。結果我們會發現，自己總會知道該相信誰，只是先前我們沒有聆聽內在的聲音。

性愛

有些人一說到自己婚姻瀕臨破裂，接著就會問，當情況這麼糟了，性事也有問題是否正常。沒錯，性事出現問題很正常。許多人的性事有問題，成癮及各種強迫症都會破壞親密感。有時身體上對愛的表達是我們最終需要承受的失落，這個打擊就算我們閉上雙眼不去面對，還是會來提醒，問題不會就此消失。

有時則是成癮者本身的問題，他可能陽痿不舉或失去性慾，這種情況會在戒癮前後出現，但通常都是共同依賴者有性事問題。而房中會遇到的問題可說層出不窮，也許是無法高潮、害怕失控、或對性伴侶缺乏信任；也許是與伴侶已貌合神離、不願對伴侶示愛，或對伴侶性趣缺缺；也可能是對伴侶有強烈反感，或是無法滿足我們個人需求，因為我們並沒要求要滿足。而雙方在床上關係，與平常房外相比，或許也好不到哪去。要是在廚房忙東忙西照顧對方，進房可能也還在忙東忙西照顧對方。假如做愛前，感到生氣受傷，完事後心情可能還是沒變。倘若感情不想繼續，便不會想再和對方發生關係。由此可見，性行為會反應並映照出兩人關係的整體狀態。

性事問題會悄悄發生。有段時期性事可以挽救陷入困境的感情，也可以是口角後彌補的示好管道。溝通似乎能一掃陰霾，而性則能讓彼此關係更好。然而，過了某個臨界點，溝通可能不再能一掃陰霾，反而徒增困惑，性也無法讓情況好轉，只會愈來愈糟。

對有些人來說，性變得只不過是種制式行為，不涉及情感，而且所提供的情感滿足，就如同刷牙一般；有些人則認為，發生性行為教人蒙羞與墮落，不僅是家務也是義務，是我們不想卻不得不做的負擔。性自此成了另一個行不通的問題，我們覺得有罪惡感、覺得丟臉，還會欺騙自己。生活又多了一件事煩惱，使我們納悶：「自己是哪裡出了問題？」

我不是性愛治療師，也沒有什麼錦囊妙計或專業建議，只有些常識而已。我認為照顧自己，就表示在房內也要應用同樣的原則，與生活其他情況無異。所以首先，別再怪自己，也別討厭自己。一旦了解這點，便能對自己坦誠，而不再逃避、躲藏及否認。先溫柔地問自己的感受與想法，接著相信自己的回答。抱持尊重態度，聆聽自己聲音，不要虐待或懲罰自己。

了解目前所經歷的問題，是對自身處境一種正常的回應。我們當然會有某個問題，這在過程中很正常。若是都沒有反感、退縮、缺乏信任或其他負向情緒，反而並非常態。我們沒有什麼錯。

等到一切釐清，便能誠實面對另一半。告訴對方自己的想法與感受，以及哪方面需要對方，並適時探詢各種可能性、溝通協調。要是問題無法解決，便尋求專業協助。

有些人也許會在婚外情尋求慰藉。我們需要原諒自己，並找出需要做什麼來照顧自己。我們可以試著去了解，自己的行為其實是對我們所遭遇的問題的普遍反應。

有些人可能會藉由一連串慾求不滿的性關係來逃避問題。這種情況經常會出現在否認階段，這時會出現強迫性行為。我們不必繼續這樣，其實可以用其他方式，面對並解決問題。我們能原諒自己，而且不再傷害自己。

有些人則可能在找的是愛，到頭來得到的卻是性。了解我們需要什麼，並找出能滿足需求的最佳方式。

有些人可能要從問自己需要什麼開始；有些人則可能得學會拒絕他人。有些人可能會試圖透過硬逼對方享受性愛，好讓彼此的愛起死回生。這種方式可能行不通。性並不是愛，性就是性，一開始就沒愛的性，做了愛也不會產生愛。唯有本身就存在愛，愛才能藉由性來表達。

有些人可能先前就捨棄性，認為性不重要。

但我認為，性愛的力量強大，是感覺親密與情趣的極大來源。要是性生活不如所願，我們可以照顧自己。我們必須為自己的性行為負責，包括在床上享受魚水之歡，或毫無性致。

不妨問問自己，關於感情，性生活能告訴自己什麼？

第十五章　學會生活，重新去愛

我本來想把這章的內容分成兩章來寫，一章是寫學習重新生活，另一章是寫學習重新去愛。可是後來覺得把這兩部分分開說明並不是重點，許多人所面臨的難題，其實是如何同時去愛與過生活。

據一些諮商員所言，多數人最大的兩個渴望就是去愛與被愛，並且相信自己值得給予愛與接受愛，同時了解他人也有同樣想法。此外，我也聽過更簡單的詮釋，只是另外加了一個部分：要覺得快樂，我們需要去愛某個人、做某件事，以及盼望某件事。

這些渴望是需求，還是想望，我不打算爭論。渴望十分重要，不管我們自己是否意識到這些渴望，它們可能都是生活的原動力。多數人都會有意識地設法滿足自己的需求，有些人則可能會為了保護自己，阻止或隔絕這些需求。

渴望是人生的原動力

不過，無論是我們是有察覺，還是刻意壓抑，這些需求還是會一直存在。了解自己及自己渴望什麼是極為有用的資訊。我們必須學習如何滿足自己的渴望、需求與想望，卻不傷害自己或他人，並享受人生最大樂趣。

對許多人來說，這表示我們必須用不同方式來做事，因為過去我們嘗試滿足需求的方式行不通。先前談過一些能有助於我們去滿足需求的概念，包括放手、不要去拯救他人、不去掌控關注的對象、直截了當、關注自己，以及不再依附。我深信只要我們變得越來越健康，愛就會有所不同；只要讓愛自然發展，並堅持下去，愛會越來越美好，或許還比先前經歷過的更美好。

不要苦撐會帶來痛苦的關係

我不覺得愛會像過去那樣傷人，也不覺得要讓愛像以前那樣傷害自己。我們當然不必讓愛毀了我們。就像有位女性貼切地形容說：「我討厭離不開痛苦，討厭總是在飽受煎熬。我的人生中總要為不負責任的男人收拾爛攤，真的受夠了！」我們一直過得很苦，陷在悲慘的關係中，這其實並非上天本意，而是自己加在身上的重擔。我們大可不必苦撐著會帶來痛苦或悲慘的關係，而是可以好好照顧自己。

我們能學會辨別走得下去與走不下去的關係，也能離開會帶來傷害的關係，而擁有美好的關係。此外，我們能學習新的作為，讓自己的關係更順遂。

我相信上天是刻意讓某些人進入我們的人生，但我也相信某些關係何時該展開、維繫或斷絕，我們要為自己的選擇與作為負責。我們或許想要、也需要愛，但不需要具有傷害性的愛。一旦有此認知，我們傳達的訊息便會十分清楚。

我相信我們的職業生涯會有所不同，也會更好。我們能學會在職場上照顧自己，並滿足自己的需求。如果我們沒有太全神關注別人、干涉別人的事，而且相信自己是重要的，便能自由地設定自己的目標，實現夢想，也能掌握自己人生的願景。這教人振奮不已，因為只要我們讓事情發生，抱持開放態度，並相信自己值得擁有，好事真的會現在、以後都會降臨。而好事可能得經歷些許煎熬和痛苦才會發生，但至少在磨難之後會有甜美果實，而非只有痛苦而已。

擁有成功、好事發生，以及美好的關係是ＯＫ的，這些可能都得來不易，也不會從天而降來。過程中可能備受煎熬，會有掙扎反抗，想把頭埋在土裡躲起來。這些都沒關係，這是成長必經之路。

要是過程太順遂、太平順或太自然而然，那就無法成長，也沒改變什麼。由於跟先前做的事沒什麼不同，我們才會感覺如此順利。

找到自我的平衡

學習重新生活與重新去愛，指的是找到平衡。學習去愛，同時也過自己的生活；學習去愛，但在情緒上不受我們所愛之人牽絆；學習去愛別人，但不放棄愛自己。我們需要學會生活、學會去愛，並樂在其中，如此每件事才不會相互干擾，缺乏理性。

我們需要在生活各方面找到平衡，並維持下去。當我們在權衡對自己與他人責任時，需要留意是否平衡，才不會過於偏頗其中一方。我們也需要平衡情緒、身體、心理及精神上的需求。此外，我們付出與得到需要取得平衡，還有要找出放手與善盡本分的分別。我們也需要在解決問題、和學習接受未解決問題之間找到平衡。我們絕大多數的痛苦，都來自於問題無法解決的痛苦，以及事情未盡如人意。因此，我們需要在對自己的期待放手，與記住自己重要又珍貴、值得過得有尊嚴之間，取得平衡。

起步

常有人問我，該從哪裡開始做起？如何開始？該怎麼找到自我平衡？

我在本書中已談到許多建議與想法，可能有些人覺得頭昏眼花。

對某些人來說，取得自我平衡似乎不太可能。或許覺得自己現在就像是躺在黑漆漆的地窖，不可能爬出來重見光明。如前面所述，美國戒酒相關的家屬團體曾提供一個簡易的方法，稱為HOW，也就是坦誠、開放，以及有意願嘗試。前面我提過，改變是從意識與接受開始，而改變人類行為的第三步驟，就是果斷行動。對我們來說，這是指行事要有所不同。誠實以對、敞開心房，而且願意嘗試不同的做法，那麼我們就會改變。

先選擇一個想要改變的行為來進行，適應之後，再繼續另一個。我聽說一個行為要重複二十一遍，才能成為習慣。這便是要牢記在心的重要法則。本書第十九章列表或許能提供從哪開始的方向，而各章節最後的練習活動，也能提供一些想法。

從當下所在之處開始

找出我們想從哪開始，便從那裡開始。就從當下所在之處起步。假如還是毫無頭緒，就從參加療癒團體開始。如果我們是身在幽閉的地下室，那就試著開始爬出來，漸漸地便能學會走，接著取得平衡。

剛開始很難，但很值得的。我在開始進行療癒時，覺得自己身陷自我與他人關係，為此感到相當絕望。不僅陰鬱包圍著我，沮喪也似乎讓我只能成天躺在床上。有天早上心情低落，很煩自己醒著而且還活著，我拖著沉重身軀到浴室更衣梳洗。

這時兒子硬要我跟他到房子另一頭。結果跟去後發現，我的臥室燒起熊熊大火，火勢蔓延到窗簾、天花板及地毯。就像過去所有大小事，我覺得什麼都可以自己來，所以認為當時烈火並不像看起來那麼嚴重，便拿起滅火器朝向火焰噴。結果火滅得不多，速度又太慢。我們離開房子時，猛烈大火仍在持續延燒。

等消防隊來時，房子早已燒成灰燼。那時是聖誕節前兩週，我和家人不得已只好搬到一間小公寓，而多數衣物及生活基本用品都在大火中燒毀。我的意志極度消沉，焦慮感也直線飆升。我失去了這麼多，而這之中還包括自己。以前家是避風港，也是我僅存的情緒慰藉，現在連家都沒了。我已一無所有。

幾週過去了，生活的大小事還是需要我來弄。保險清單、協商、清理殘局、重建計畫，全都需要我投注心力。我覺得焦慮又不安，卻別無選擇。我必須思考，讓自己保持忙碌，也必須完成某些事。隨著真正開始重建，我必須做更多。我要決定該如何用好幾千美元，然後與工程人員一起動工，一來能減低開支，二來也盡量加速重建。這段期間也包括得付出勞力，這種經驗我可是生平頭一遭經歷。我發現自己愈忙感覺愈好，不只開始相信自己的決定，也去除許多怒氣與恐懼。

等到我與家人重返自己的家園，我已經重新找回生活的平衡，開始過自己的生活，而且會繼續下去。這種感覺真好！

這裡最重要的概念，就是「開始動起來」！點燃內心的動力之火！

向前邁進

一旦起步，如果有持續行動，向前邁進便會自然而然產生。有時倒退個幾步也沒關係。有時倒退有其必要，因為這有時是繼續向前的一部分。

我們有些人可能面對棘手的決定，比方說，決定斷絕悲慘與毀滅性的關係。據某位諮商員所言，如果關係已死，就把它埋葬。我們能夠慢慢來，先調整好自己腳步，等到時候到了，就能做出正確決定。

有些人則可能嘗試修補受損但尚有氣息的關係。要有耐心。愛與信任很脆弱，但卻是真實存在，只是一旦受創，不會一聲令下自動重生。就算對方改過向上，或解決任何他／她惹出來的問題，愛與信任也不會平白無故再度出現。愛與信任必須讓它們以其步調恢復。有時會復原，有時則不會。

相信自己是值得的

還有些人，或許缺乏某個人去愛。這種情況可能有難度，但也並非完全不可能。我們可能想要和需要有人去愛，但如果我們夠愛自己，我覺得也會有所助益。與別人談戀愛是很正常，沒人談情說愛也沒關係。找朋友去關愛與被關愛，而且對方知道我們是值得被愛的。珍愛自己，相信自己是值得的。就像呼吸那般自然地花時間在自己身上。放手。學習正在努力的課題。成長。發展。專注在自身，這樣當愛來臨，這份愛便能充分發展，並帶來樂趣。愛不該是我們人生唯一的關切，也不該是不幸福人生的逃避。努力向目標邁進。找到樂趣。相信上天與祂安排的時機。祂在乎也知道我們所有的想望與需求。

不管情況為何，我們都能緩步向前。大腦說不能去的地方，心會引領我們前進；大腦堅持前往的地方，心可能不願去。有時我們受到「青蛙」的吸引，而走上既不是心也不是腦中所選擇的路徑。那也不要緊。並沒人規定我們該愛或不該愛誰，以及要跟誰在一起。我們可以想愛誰就愛誰，只要是我們想要。

但慢慢來，不要操之過急，要用不會傷害自己的方式去愛。留意發生的所有事情。從自己優點去愛，而非弱點，要他人也如此做。

每天都做好決定，決定需要做什麼來照顧自己。我希望我們找到人來愛，而對方也喜歡愛我們，並激勵我們迎向挑戰，自我成長；也希望我們能發現能樂在其中的事情，挑戰自我，有所成長。

不論如何，不要停止照顧自己

要提醒的是，偶爾我們可能會失去平衡。可能剛開始用跑用跳的，接著突然跌了一大跤。之前覺得自己瘋了的負面想法又接踵而來。別害怕，這很正常。思考模式與感受方式，都是一種習慣，而這些過去習慣性感受與想法，可能會三不五時冒出來。改變（即便是有益的改變）、某些令人想起過去發瘋的特定情境及壓力，都可能會觸發過去的習慣模式，而有時則不會引發。看透徹。別感到丟臉，也不必躲躲藏藏。

我們能再度振作，度過難關。向值得信賴的朋友傾吐；對自己有耐心，並多點體貼。知道自己該做什麼，就一直做下去。一切都會否極泰來。不論發生什麼事，都不要停止照顧自己。

讓自己保持平衡，而且一旦體認到這就是療癒的關鍵，保持下去。如果這聽起來太過沉重，千萬別擔心。我們可以做到的。我們能學會重新過生活，學會再次去愛，甚至還能同時學會如何樂在其中。

PART 2

第二部分

故事

第十六章　潔西卡的故事

以下是潔西卡的故事，我讓她自己來說。

＊＊＊

我坐在廚房喝咖啡，邊想還沒做完的家事：要洗碗、撢灰塵，還得洗衣服。該做的家事多到數不清，卻完全沒辦法開始做。我想，這就像自己的人生，有太多要想，多到似乎不太可能全部都做完。

一股熟悉的疲憊感襲來，於是我走向臥房。以前小睡片刻是種奢侈，現在則變成有其必要。睡覺是我唯一能做的事，而我過去的動力都跑到哪裡去了？以前的我，總是精力旺盛，現在卻連每天梳妝打扮都頗費力，因此經常也就省了。

一躺到床上，我很快便進入夢鄉。醒來時最先想到與感覺到的全是痛苦，而且還不太陌生。我不確定哪種情況最令人難過，究竟是確定婚姻走到盡頭，兩人之間不再有愛的火花，全被無數謊言與絕望澆熄，加上酗酒與經濟問題，把愛情磨到消失殆盡，這些種種所帶來的痛苦；還是丈夫成為所有問題的罪魁禍首，讓人氣憤難平；或是自己信任的上天居然任由這一切發生，令人感到絕望又遭到背叛；又或者是恐懼、無助與失望，加上其他的情緒混雜在一起的感受。

真該死，為什麼他就一定得喝？為什麼就不能清醒過來？為什麼一定得撒謊？為什麼他就不能多愛我一點，跟我愛他一樣多？為什麼幾年前我還在乎時，他的酒癮就是戒不了，也不能停止撒謊？

我從沒打算嫁給酗酒者。我爸就是個酒鬼，因此我煞費苦心慎選另一半。結果還真會選。法蘭克酗酒的毛病，在蜜月期就顯現出來。有天下午傍晚，他離開旅館房間，喝到隔天早上六點半才回來。那時怎麼沒發現？現在看來，當時的跡象其實十分明顯，那時實在太傻了，我還再三說服自己：「喔，不會的。他不會酗酒，不會是他。」我相信他的謊言，也相信自己為他做的辯護。為什麼不乾脆離開他，直接離婚算了？都是因為自己內心充滿罪惡感與恐懼，不積極主動又猶豫不決。其實我也曾經離開過，但是每次分開，卻又總是感到沮喪，滿腦子一面想著他，一面擔心錢。真是自作孽。

看了一下鐘。兩點四十五。孩子很快就會放學回來，然後他也會到家，等著吃晚飯。今天家事都還沒做，什麼也沒動。我想這都是他的錯。全是「他的錯」！

突然我的情緒又變了。老公真的有去工作？還是去帶別的女人共進午餐。或許根本有了小三。或許他早退跑去喝酒。或許上班闖了禍？不管怎樣，這個工作他能做多久？再一個禮拜？再一個月？然後就會像往常辭職不幹，或直接被開除。

電話聲響起，打斷了我的焦慮。打來的是一個鄰居，也算一個朋友。我們聊天時，我告訴她自己沉重的一天。

「我明天會去戒酒無名會家屬團體，想一起來嗎？」她問。

我之前有聽過這個團體，它是專門為酒鬼的妻子成立。我心裡想的畫面是，一群「小婦人」在聚會中縮成一團，不吝於分享丈夫酗酒，一方面原諒他們，一方面也想不出什麼辦法幫助他們。

我撒謊說：「再看看好了。」「我還有很多事得做。」這倒是實話。

我由於滿腔怒火，之後兩人講了什麼，都沒聽進去。我當然不想去參加什麼家屬團體聚會。一直以來我對他付出了一切，難道還不夠？要是有人建議我再做多一些，並且繼續為這個婚姻無盡地付出，我會非常憤怒。我厭倦了要肩負重擔，以及為夫妻關係成敗負責。我在內心暗罵這是他的問題，他自己去想辦法，別把我拖下水，別想叫我做更多。只要他可以變好，我也會感覺好一點！

掛上電話，我拖著身子去廚房準備晚餐。無論如何，需要協助的都不會是我，我沒酗酒嗑藥，沒丟掉工作，也沒撒謊欺騙所愛的人。我努力撐起整個家，甚至有時是不遺餘力。帳單是我在付；我只用少許預算維持家中開銷；每個緊急狀況我都在（嫁給酒鬼，會有不少緊急狀況）；最難熬時期獨自經歷；還擔心某些狀況常常發生。我當然不是不負責任的一方。相反地，我為所有人與每件事負責。我一點錯也沒有，只是得去做，得去做日常例行的事。我不需要任何聚會來告訴我這些，而且家裡一堆事都沒做就出去，我會覺得超級有罪惡感。上天知道我不需要更多罪惡感，明天我就會重新振作，讓自己繼續忙。明天會更好。

孩子們到家時，我破口大罵，結果他們或我自己都不怎麼訝異。老公扮白臉，平易近人又好相處，我則扮黑臉。我試著讓自己和顏悅色，但真的很難。怒火呼之欲出，與爆發只有一線之隔。長久以來，我極度忍氣吞聲，實在無法、也不想再繼續忍耐下去。而我總是處於守勢，我覺得我是想捍衛自己的人生。後來我才明白自己的確是在捍衛人生。

老公回來時，我意興闌珊地準備好晚餐。我們一起吃，但幾乎沒有交談。

法蘭克說：「我今天過得還不錯。」

我暗自納悶，那是什麼意思？你做了什麼？你有去工作嗎？還有，誰在乎呀？

我說：「那很好。」

他問：「妳今天呢？」

你這該死的傢伙覺得我會過得如何？我心裡暗自咒罵。丟了這麼多爛攤子要收拾，你覺得我每天會有什麼好壞？一瞬間我默默對他放出數支冷箭，但還是勉強擠出笑容說：「還可以，謝謝關心。」

法蘭克看向別處，我沒說出口的話，想必他感受到的比我說出口的還要深刻。彼此不說也知道，現在這種氛圍，離與對方激烈爭吵，通常只有一步的距離，不僅會重翻舊帳，還會大聲嚷嚷，威脅著鬧離婚。另外，以前我們很愛相互爭辯拌嘴，現在則嫌煩，所以只在心裡默默幹譙。

孩子們打破我們的敵對氣氛。兒子說想去外面的運動場玩，我說不行。沒我或先生陪，我不想讓他自己去，結果他開始哭鬧求情，說我什麼都不讓他做。我大吼說不准就是不准，沒什麼好說的。他大喊拜託，說自己一定得去，其他小孩也都會去。最後我還是照常讓步。好吧，去吧，但提醒他要小心。我覺得自己輸了。對小孩和對丈夫，我總是全盤皆輸。從來都沒人會聽我說什麼，也沒人把我當一回事。

我也沒把自己當回事。

吃過晚餐，我去洗碗，先生則在看電視。一如往常，我辛苦你享樂，我操煩你輕鬆，我在乎你卻無所謂，全都沒什麼不一樣。你感覺不錯，我卻只有受傷的分。去你的。我故意穿過客廳好幾次，一方面故意擋住他視線，一方面也暗暗對他露出厭惡神情，但他卻視而不見。最後連我自己都嫌煩，便走進客廳，嘆口氣表示自己要去外面整理院子。我對他說，這種事應該是男人要做，但我想我得自己來。他說他可以等會去做，我回他，等會就是永遠不會，院子現在讓我覺得感覺很糟，我等不及了。算了，我已經習慣什麼都自己來，現在要整理院子也一樣。他說好吧，那就讓妳去弄。我氣極敗壞地衝到院子，滿懷怒氣到處亂踩一通。

即便筋疲力盡，現在上床就寢還是太早。要和先生同床共枕，簡直與兩人醒來相處一樣煎熬。我們互不交談，分別蜷著身體朝向自己那邊，最好隔得越遠愈好，或是他會假裝之前什麼事都沒發生，過來想和我親熱。不管是哪種情況，氣氛都很僵。要是我們背對彼此，心裡的想法都充滿困惑與絕望。要是他試圖碰我，我就僵著不動。他怎會奢望我跟他做愛？他怎能碰我，好像我們之間什麼事都沒有發生？我通常會堅決嚴厲地推開他說：「不要，我太累了。」不過，有時則會默默接受。偶爾是因我自己也想，但絕大部分是覺得有義務要照顧他的性需求，要是沒顧到，我就會心生罪惡感。這樣的性關係，在情緒和心理上都令人無法滿足。但是我會告訴自己，我不在乎，這一點都不重要。但結果並非如此。很久以前我就沒了性慾，也斷除自己對付出與接受愛的需求。我將自己有感覺和在乎的部分冰封起來，唯有這麼做，我才能存活下來。

過去我對這段婚姻期許很高，有過許多的夢想，但卻沒有一樣實現。我覺得自己不僅被騙，還遭到背叛。家庭與家人原本應該充滿愛與溫暖，讓人得到撫慰及滋養，但我的家卻成了陷阱，就算想逃，也找不到出口。我不斷告訴自己，或許之後會變好。畢竟問題出在他，是他酗酒，要是他能戒掉，我們的婚姻就有希望。

但我開始在想。他去戒酒已經六個月了，這段期間也沒在喝，他的情況有好轉，我的卻沒有。他的戒酒真的能為我們帶來快樂？他沒喝酒，看來似乎也沒多少改變。正值三十二歲的我，覺得自己乾枯老朽，精力枯竭，動不動就發脾氣。我們的愛到底出了什麼問題？自己又是怎麼了？

一個月後，我才開始意識到真實的狀況是什麼。那時唯一的改變是，我覺得自己越來越糟；人生深陷泥淖，停滯不前，我想終止一切。我對人生能變好已不抱希望，甚至不清楚是什麼出了問題。我的人生毫無目標，只有擔心他人，卻也還沒做好。卡在過去，害怕未來。上天好像已經把我拋棄。心中隨時盡是罪惡感，想知道自己是不是已經瘋了。

某件可怕、我不知道該怎麼解釋的事悄悄降臨，這件事不僅影響了我，也毀了我的一生。就某個程度來說，他的酗酒影響我，而我被影響的部分，便成了我的問題。究竟是誰的錯已經不再重要。

我失控了。

＊＊＊

此時我遇到潔西卡。她會學到三個基本概念。

第一，她沒瘋。酗酒和其他強迫症確實都是一種疾病。家庭成員會因為這些疾病而受影響。

第二，一旦家人受影響，便會出現共同依賴行為。就像得了肺結核或染上不良習慣，要是沾染上，就是得到了。

第三，假如想去除「共同依賴」，你必須有所作為，把這種行為趕跑。重點不在歸咎於誰。你的依附行為就是你自己的問題，而解決你的問題是你的責任。

倘若你有這類的問題，必須找到自己復元或療癒的方式。首先，瞭解什麼是共同依賴，以及經常伴隨出現的特定態度、感受與行為，都會有所助益。而改變某些態度與行為，以及了解發生改變時該如何應對，也同樣重要。

希望本書有助於讀者了解問題是什麼，也鼓勵讀者能有改變。我很高興潔西卡的故事後來有個圓滿結局，或者說是嶄新的開始。她感覺好多了，開始過自己的人生。希望你也能如此。

第十七章　其他故事

對於前章潔西卡的處境，你或許能感同身受。她的故事很極端，但我卻經常聽到類似個案。然而，潔西卡的遭遇，並非共同依賴的唯一類型，還有很多其他版本。

以下便是其中一些。

＊＊＊

正值四十歲出頭的杰拉德，英俊瀟灑又風度翩翩，但自稱「事業成功，卻感情失敗」。中學和大學時期，約過許多美眉，堪稱萬人迷，把妹也是無往不利。不過，畢業後卻娶了芮塔，所有親友無不跌破眼鏡。芮塔對杰拉德並不好，比所有約過會的女生都還糟。兩人缺乏共同愛好，她不僅對杰拉德朋友態度冷淡又不友善，看起來對他也滿不在乎，不會為他著想。而杰拉德早就懷疑芮塔對他不忠，後來證實妻子從結婚起就紅杏出牆，背地裡與其他男人約會，且有酗酒和嗑藥毛病，還維持了一段時間，這場結縭十三年的婚姻，最後終以離婚收場。

杰拉德感到悲痛欲絕。不過，傷心兩個月後又另結新歡，而這次瘋狂愛上的女人也有酗酒問題，從早喝到晚，日夜喝到茫。杰拉德幾個月來都在擔心她，試著幫她，一方面在想自己是否做了什麼才讓她想喝酒，一方面也試圖控制全局，但會因對方戒不了酒而發脾氣。後來杰拉德便決定分手。他很快又認識新的對象，陷入熱戀並搬進女方公寓同居，但幾個月後，便懷疑她嗑藥。

杰拉德不久便開始花許多時間擔心女友，搜她身或皮包，檢查是否有藥物或其他毒品的證據，並質問她的社交活動。有時候，他會否認女友有問題。在這段時期，他讓自己十分忙錄，即便坦承內心很不安，但還是試圖享受與女友共度的點滴時光，然後告訴自己：「是我有問題，都是自己哪裡不對。」

在這段感情的某個危機中，他暫時覺醒，擺脫自我否定，並前往尋求諮商。

「我知道是該結束這段關係，」杰拉德說，「但就是還沒準備好放手。我們能一起談天說地，什麼都聊得來，就像好友一般，而且我也愛她。但是為什麼？為什麼這種事老是發生在我頭上？」

他也承認：「要是有滿屋子的女人給我挑，我也會愛上問題最多的那個，而且對我最差的那個。

坦白說，這種女人，讓我覺得有挑戰。要是對我太好，反倒會讓我退避三舍。」

杰拉德自認，他從來沒有飲酒過量的問題，只有在應酬場合才會小酌。另外，他也告訴諮商員，自己從沒嗑藥。而哥哥目前坐四望五，在他還是青少年時，就有酗酒問題。另外，他不覺得去世的雙親是酒鬼，但勉強承認父親可能之前「喝太多」。

諮商員指出，杰拉德的直系親屬酗酒及飲酒過量，可能仍影響他本身以及自己的感情關係。「他們的問題怎麼會影響到我？」他問。「父親去世好幾年了，而我和哥哥也很少見面。」

經過幾次諮商輔導，杰拉德認為自己是共同依賴者，但不確定這個名稱的涵義，也不知道該如何應對。後來他對感情關係中出現的問題不再那樣憤怒，便沒去諮商。他認為女友的嗑藥問題，其實並沒那麼嚴重，而且說服自己與異性的感情問題是出於運氣不佳，並表示希望總有一天幸運之神能夠改變現狀。

杰拉德的問題是運氣太糟？還是其實是其他問題？

＊＊＊

派蒂尋求私人治療師協助時，年約三十五歲，結婚十一年，育有三名子女，最小的患有腦性麻痺。她全心奉獻自己，好當個好妻子與好母親。她跟治療師說自己非常愛小孩，並不後悔當初選擇當家庭主婦，在家撫養他們長大，但卻恨透了日常瑣事。她結婚前是護士，不但交友廣闊、嗜好廣泛，對周遭一切也都充滿興趣。

然而，隨著孩子一一出世，尤其是患有特殊疾病的老么，她便失去對生活的熱愛。一來朋友變得屈指可數，體重暴增（約三十多公斤），二來全然不知自己的感受為何，而要是有什麼感覺，就會心生罪惡感。她表示自己也試圖透過幫助朋友，以及參與各種組織的志工服務，讓自己保持活躍，卻經常效果不佳，變得容易憤世嫉俗。她曾經想過重回職場，但最後還是決定做罷，原因是「我只懂護理照料，但對照顧別人這檔事，我真的受夠了」。

「親友都以為我是無敵鐵金剛，精力永遠用也用不完。大家都說，派蒂凡事都能靠，永遠不離不棄，永遠掌握得宜，永遠準備好提供協助。」她說：「但其實我快崩潰了，悄悄地卻千真萬確。多年來我陷在絕望中，卻無力扭轉一切。我筋疲力竭，馬上就能掉淚，無時無刻不扯著喉嚨罵孩子；對性事興趣缺缺，至少跟先生是了無性慾。總是對每一事充滿罪惡感，甚至來諮商都讓我有罪惡感。」她告訴諮商員。「我應該要能自己解決問題，擺脫這一切。為了我的問題，浪費你的時間和我先生的錢，實在太過荒謬。這些問題可能是我想太多，才會讓情況走樣。」

「但我必須做點什麼。」派蒂坦承。「最近幾天我一直都想輕生。」她接著說：「當然，我不會真的就自我了斷。太多人需要我，他們都得靠我過活。這麼做會讓他們失望。但我還是很擔憂、很恐懼。」

諮商員後來得知，派蒂和先生有小孩，而最小的患有腦性麻痺。她也提到，先生婚前就有酗酒問題，婚後喝酒比較節制，工作穩定，是家裡的經濟來源。但仔細問過後，派蒂才說，先生並沒去參加戒酒團體，幾個月雖沒喝，但中間會有幾個週末狂飲。而每當黃湯下肚，他的行徑就會變得瘋狂，沒喝時則怒不可遏又充滿敵意。

「我不知道他怎麼了。他不是我當初嫁的男人。更可怕的是，我搞不清自己到底是誰或怎麼回事，」派蒂說，「很難解釋確切的問題是什麼，也找不出任何重大問題，說：『這就是問題癥結。』不過，我感覺已失去自我，有時也會懷疑自己是否瘋了？是哪根筋不對？」派蒂問。

諮商員提出可能原因。「也許妳先生酗酒，而妳的問題是因酗酒造成的家庭疾病。」

「這怎麼可能？」派蒂問。「我先生沒那麼常喝。」

諮商員繼續問派蒂的個人背景。派蒂十分樂意談到雙親及兩位成年弟弟，可以得知她的原生家庭很正常，彼此感情緊密融洽。

諮商員又進一步詢問。她提到父親在少女時期，參加過戒酒組織。

「我高中時爸爸都沒醉酒，」她說：「我很愛他，也以他為榮。不過他酗酒的那些年，我們家的確有點瘋狂失序。」

派蒂不只嫁了一個很有可能是酒鬼的先生，她自己也是所謂的酗酒者成年子女。整個家都受酗酒產生的家庭疾病影響。爸爸戒酒，媽媽去戒酒會家屬團體，後來家庭生活才有改善，但派蒂還是受到影響。只因家人把酒戒了，她就指望自己能奇蹟似地不受影響？

派蒂的諮商員並未安排更多諮商，而是介紹她去上關於自尊與自我認可的課程。另外也建議她參加相關的自助團體。

她聽從諮商員建議，雖然並未找到立即見效的解決辦法，但幾個月後她發現自己在做決定時更為自在，不管是體會或表達個人感受，或是說出自己的想法及關注個人的需求，都不再那麼有罪惡感。

此外，一方面她對自己比較寬容，另一方面也比較能忍受日常瑣事，憂鬱情緒逐漸一掃而空；而且哭泣變少、笑容變多，也讓她重拾生活的活力與熱情。還有，即使派蒂並無強迫，先生也願意參加戒酒會。夫妻兩人相處時，先生不再充滿敵意，婚姻自然有所改善。重點是，派蒂掌控了自己人生，而她的人生也開始順遂多了。

＊＊＊

覺得自己有問題的人，並非僅限於尋求心理諮商和藥物依附協助的個案。蘭德爾發現自己有問題時，擔任的是藥物依附諮商，正值戒酒階段，已經好幾年沒有亂喝酒了。身為酗酒者的成年子女，他的父親和三個哥哥都是酗酒者，而他聰明又敏感，喜歡自己的工作。蘭德爾的問題在於，他休息時大半都還在擔心或掛念他人或他們的問題。有時是試圖為酗酒者收拾爛攤；有時則是酗酒者製造的混亂，他覺得不得不為他們處理後續，因此感到氣憤不已；有時未必是酗酒者，某些人的特定作為，也會讓他感到心煩意亂。他咆哮大吼，卻又充滿歉意；感到罪惡，卻又覺得被人利用。然而，他卻很少覺得跟他們很親近。他也很少玩樂。

好多年來蘭德爾都認為，自己的責任就是要擔心他人，並插手他們的問題。他視這種作為是慷慨、關切與愛，就算不時憤怒的情緒會冒出來，也是理所當然。不過，現在接受幫助後，他會將自己的問題稱為「共同依賴」。

＊＊＊

現年四十多歲的瑪莉絲，懂得照顧自己，頗有女性魅力。然而，大部分時間，她都忙於照顧五個孩子及正在戒酒的老公。她全心付出，讓他們感到快樂，卻未能如願，結果非但自己經常動怒，總覺得努力了卻沒什麼回報，家人也常對她氣憤不已。每當老公想做愛，她不管自己當下感覺怎樣，總是默默配合。再者，只要是孩子想要的玩具或衣物，往往一律購足，因此佔了過多家庭開支。她為旁邊的人奔走，舉凡接送、講故事、煮飯清理，或給予愛的抱抱，一概盡心盡力，卻沒人肯為她犧牲，通常連句「謝謝」也沒有。

瑪莉絲極度討厭自己不斷為人做牛做馬，而且也因家人及大家的需求佔據了她全部的生活，讓她感到憤恨不平。她選擇以護士為業，卻免不了經常惱怒難耐。

「可是，假如不對他人有求必應，我便會有罪惡感。要是我沒做到為人妻或人母應做的，要是我辜負了別人對我的期望，我就會感到有罪惡感。」她說。「其實，」她補充道：「我是依罪惡感程度來安排每日行程及事物的優先順序。」

瑪莉絲永無止盡地照顧他人，心懷怨恨又不求回報，就表示她是稱職的妻子與母親？或這可能表示她是有什麼問題？

＊＊＊

愛利莎是兩個青少年的母親，她去看家庭諮商時，在心理健康組織兼職，而先前她也求助過不少家庭諮商。她之所以去諮商，是因為十四歲的老大不斷闖禍。他翹家逃學、打破門禁時間、違反家規，基本上為所欲為，無時無刻肆意妄為。

「這個孩子要把我逼瘋了。」愛利莎告訴諮商員。

她是真的快瘋了，事事操煩不已，有時會沮喪煩惱到無法下床。為了幫助這個孩子，她煞費苦心，不但三度帶去治療，送到兩個中途之家，諮商員也是一個又一個換，每次都是舉家陪同。她也試過其他方法，包括威脅、吼叫、掉淚及央求。軟硬兼施無不嘗試，一度態度強硬，報警處理，也試過溫柔以對和原諒，甚至假裝各種脫序行為從未發生。她還曾把兒子鎖在門外，或在他翹家時，尋遍大半個美國，最後才找回來。儘管所付心血並未幫到孩子，她卻執著於尋找並施行某種方式，讓「兒子知道自己錯在哪」，並且能有所改變。

「為什麼他要這樣對我？」她問諮商員，「他操控了我的人生，同時也毀了我的一生！」

諮商員同意愛利莎兒子的問題確實令人心痛難過，而且需要有所行動。不過，諮商員也說，這個問題未必要操控或毀掉她的人生。

「妳無法掌控兒子，但能掌控自己。」諮商員說，「妳能處理自己的行為。」

***

雪利兒嫁給夢寐以求的男人後，很快就發現自己的婚姻是場夢魘。先生有性成癮，無法自我克制衝動，不僅沉溺於A片，還在外拈花惹草。正如雪利兒所說，「天曉得他這次又在跟誰搞什麼。」婚禮後一週，她捉姦在床，才發現先生性成癮問題。

雪利兒當下的反應是相當驚慌，隨即則是憤怒不已。接著伴隨而來的是關切先生與其問題。朋友建議她就此離開，她卻決定維持婚姻關係。他需要幫助，也需要她。或許有天他會改變。而她夢想兩人構築的綺麗未來，也還沒準備好就此放棄。

先生加入戒除性成癮療癒團體。雪利兒自己則不願參加性成癮的家屬所組成的互助團體。她並不想將個人問題昭告天下，甚至是私底下也不想多談。

身為時尚名模的雪利兒事業很成功，幾個月下來，卻發現自己接的工作量銳減，也減少晚上與朋友聚會，寧可選擇待在家裡。電話總想自己接，以免有別的女人打來。先生出去再回來時，她希望自己能夠在家。她想知道先生看起來如何，言行舉止有無異狀，也想確切掌握他做了什麼及和誰一起。她常打給療癒團體抱怨與通報，並詢問先生成癮問題的進展。她說自己拒絕再次被耍、被騙。

她漸漸讓自己與朋友和社交活動漸行漸遠。一方面是擔心到無法工作，一方面則自覺丟臉，無法對朋友啟齒。先生本性難移，又再出軌好幾次，她不斷發牢騷嫁給他有多糟，卻還留在他身邊，朋友對此也不禁搖頭嘆息。

「光是看到他，就讓我受不了，我對他只有鄙視，可是我就是離不開他。」雪利兒後來表示。「我除了擔心與監控他，其他什麼事都做不了。」

「有天晚上我拿著菜刀追他，才是事情的轉捩點。當時我正處於低潮，在家追他時又喊又叫，突然間我才第一次意識到自己在幹嘛。我真的瘋了。失去理智，完全失控，而他就站在那，靜靜地看著我。我當下才體會到必須做什麼，才能讓自己得到協助。」

事發不久，雪利兒便加入了性成癮家屬的互助團體。幾次聚會下來，她才開始把自己與失控行為視為共同依賴行為。她目前與先生分居，並聲請離婚，對自我感覺也有所改善。

＊＊＊

前述例子都頗為戲劇化，但有些人的情況未必是如此極端，也不見得每個案例都會涉及嚴重問題。克莉絲坦已婚，兩個小孩年紀還小，直系與旁系親屬都沒有成癮行為或強迫性疾病。然而，她還是自稱共同依賴者。她認為自己的問題，在於別人的心情會影響自己情緒，因此會設法控制他人感受。

「我覺得有責任顧及先生的情緒，要是他開心，我會雀躍不已；要是他心煩，我也覺得責無旁貸。我會不開心又十分焦慮，且心煩意亂，直到他心情變好，自己才會感覺變好。我會設法讓他快樂一點，要是無法做到，心中便有罪惡感，但他卻會因為我對他的付出而發脾氣。」

「我的共同依賴行為，也不單是對他。」她補充，「而是對任何人都是如此，包括我父母、小孩以及來家裡的客人。就某個程度來說，我在其他人中迷失自我，感覺身陷其中而無法自拔。」

「我想在情況惡化前，努力改善。」她說，「我並沒有極度憂鬱，但想學會如何放鬆，並能開始快樂地生活，與別人相處愉快。」

＊＊＊

我之所以挑選前述幾個例子，原因是各有不同，代表不同遭遇，同時也說明一點：單一個案都無法說明到底是共同依賴或個人經歷。共同依賴非常複雜，人也是很複雜，每個人都獨一無二，情況也都不盡相同。有些人的經歷極度痛苦又令人失去活力；有些人的未必如此，僅有被輕微影響到。有時共同依賴行為是個人對他人成癮行為的反應，有時則並無關係。每種共同依賴行為都是獨特經驗，會因個人情況、過往背景及個性互異。

不過，每個經歷都有共通點，涵蓋我們對旁人的反應與行為，也波及了我們與其他人的關係。共同依賴行為涉及了其他人對我們的影響，以及我們如何反過來再影響對方。

練習照顧自己

1 你是否對本章所描述的故事心有戚戚焉？哪個部分讓你感同身受？你會想到哪段關係？為什麼？

2 買本大筆記本，記下你對每章最後這些練習的想法，也許會有幫助。閱讀本書各章時，也可以記下自己的想法或感受。

PART 3

第三部分

什麼是共同依賴？

第十八章

共同依賴

人與人的關係就像支舞，可見的動能在參與者之間來回急速轉換；有些關係則形同死亡之舞，既緩慢又黑暗。

——《獨立女性》作者道林

不論是在生理或（與）心理上無法戒除酒精或其他藥物，還是暴食與賭博，同樣都讓人聯想到某種依賴。不過，什麼是共同依賴？

顯然定義應該是：成為依存關係的一方。如此定義雖然貼近事實，卻還是不夠清楚，太過抽象。「共同依賴」是心理治療機構的用語，一般人可能對這個名詞毫無概念。

專有名詞可能帶有特定意涵，也可能並無特別意義，所指為何也可能因人而異。

然而，共同依賴確實有特定意義，對很多人尤其重要。讓我們撇開專業用語不談，一起來看實際定義為何。

什麼是共同依賴？

我聽過、也讀過許多關於共同依賴的定義。

索比在《共同依賴：一個新出現的議題》＊一書中提到，共同依賴是：「一種情緒、心理與行為狀態，成因為個人長期籠罩在一套強制規範下，並將其逐一實行；而這些規範往往反對個人敞開心胸，表達所思所想，也避免直接討論個人與人際問題。」

另一位諮商專家則將共同依賴定義為：「自我挫敗、學習而來的行為或性格缺陷，使人較難開始一段關係，或者投入情感關係。」

也有些非太專業的定義。

有個女性表示：「共同依賴代表我是個照顧者。」

也有女性認為：「共同依賴意謂我嫁給酒鬼，也表示我需要去戒酒家屬團體。」

另外有人指出：「共同依賴表示我被捲入酗酒者的世界。」

＊索比（Robert Subby），著有《共同依賴：一個新出現的議題》（Co-Dependency ; An Emerging Issue）。

「這表示我總在尋找某個依附對象。」

「共同依賴？這表示我知道任何吸引我、與我墜入愛河或論及婚嫁的男人，全都有藥物／酒精依賴或其他同樣嚴重的問題。」

有人則提出：「共同依賴是指，你知道自己所有的關係，要不以同樣（痛苦）的方式繼續，就是以同樣（慘烈）的方式結束，或者兩種情況都會發生。」

共同依賴的定義繁多，可以說有多少人陷入共同依賴的困擾，就有多少種定義。在絕望（或許是啟蒙）之下，有些心理治療師主張：「任何事物都是共同依賴，每個人都會相互依賴。」如此一來，誰能真正了解箇中緣由？哪個定義才最準確？之後的共同依賴簡介，將能有助於回答這個問題。

簡介

「共同依賴」這個名詞，出現在七十年代後期的諮商治療，但我不太清楚是誰創的。斯莫利為通過職業發展認證專業人員*醫療認證的心理學家，也是共同依賴領域專家。據其辦公室所言，儘管有些人可能聲稱自己最先使用，但這個詞曾同時出現在明尼蘇達州幾個不同的治療中心。明尼蘇達州作為醫療重鎮，或許「共同依賴」一詞最早就出現在這裡。

索比與弗瑞爾*在《共同依賴：一個新出現的議題》書中寫道：「共同依賴最早用於描述個人或群體，他們生活之所以受影響，是因與藥物或酒精依賴的人有所連結。這些依賴者的配偶、子女或情人，會發展出一套不健康的生活應對模式，以回應共同依賴對象濫用藥物或酒精。」

這個概念其實早就存在，如今只是把老問題冠上新名詞。專業人士很早便察覺，與藥物或酒精依賴者有密切關係的人，可能產生不正常行為。有些研究也針對這個主題，指出許多親近酗酒者的人，對酒精或藥物並未產生依賴，但生理、心理、情感與精神上卻發展出近於酗酒狀態。而描述這種現象的各式字眼，也就應運而生，有些用語後來也成為相互依賴的同義字。

創造「共同依賴」這個詞以前，共同依賴者肯定早已感受到共同依賴的影響。一九四〇年代戒酒無名會誕生後，一群酗酒者的妻子，便成立了自救互助團體，以處理配偶酗酒對其生活影響。

---

*斯莫利（Sondra Smalley），美國心理學家。CCDP為認證機制，全名為「職業發展認證專業人員」（the certified career development professional），通過管道一者是接受學士後職業訓練課程，一者則是執業滿多少時數，並持續於該領域執業。

*弗瑞爾（John Friel），美國心理學家。

這些妻子並不知道自己後來會被稱為共同依賴者，只知道一直以來，配偶酗酒，她們總是首當其衝。

一九七九年共同依賴（co-dependency）一詞出現。當時的基本的概念是，某些人的生活變得無法管理，原因在於與酗酒者有忠實穩定的關係。

不過，共同依賴自那時起便擴大定義。專業人士漸漸能進一步了解藥物／酒精依賴者帶來的影響，並指出其他問題，如暴食與厭食、賭博，以及某些性行為。這些強迫行為，與酗酒引起的強迫症或疾病極為類似。再者，專家也開始注意到，許多與上述強迫症有密切關係的人，所發展出的行為應對模式，與酗酒者關係親密的人十分相近。而諸多特異現象，影響所及不只個人，也會在這些家庭出現。

隨著專業人士對共同依賴更為了解，似乎愈來愈多人符合這種情況，包括酗酒者的成年子女、與情緒或心理障礙患者有關係的人、與慢性病患者有關係的人、孩童有行為問題的父母、與（因依賴藥物或酒精）不負責任者有關係的人，以及護士、社工等「助人」職業的專業人員。即使是逐漸戒除酗酒與毒癮的人，也注意到自己會與他人共同依賴，而且也許早在真正依賴藥物／酒精前，這種關係就已建立。共同依賴者於此時突然隨處可見。

一旦共同依賴者終止關係，他／她常會尋求另一個陷入困境的人，並重複共同依賴行為，與新的對象發展類似關係。要是不改變這些行為或應對機制，這種模式似乎會占據他們全部的人生，成為其生活重心。

共同依賴是透過與嚴重疾病、行為問題或傷害性強迫症等患者產生連結，才會引發，這種預設可靠嗎？家中有人有成癮問題，會助長共同依賴關係，但其他諸多情況似乎也會產生。

其中相當普遍的共通點便是，在人際交往或專業職場上，會與有困擾、有需要或依賴他人者建立關係。但更常見的共同之處，則是未言明的規則，通常在直系家庭中發展出來，然後應用到各種關係。這些規則禁止討論各式問題，不贊成以誠實開放的態度表達感情，或直接坦誠溝通，而且所期待的往往不符實際，例如忽略人性的脆弱或不完美。再者，避談自私，且對自我與他人缺乏信任，更別說玩樂。還有，儘管成長或改變可能是健康有益的，但藉成長或改變動搖家庭的脆弱平衡，亦是不被允許。這些規則普遍出現於酗酒家庭，但也可能出現在其他家庭。

現在，我要回到稍早問題：哪個共同依賴的定義才對？上述答案全都正確。有些描述成因，有些描述後果；有些指出整體狀況，有些則是特定癥狀；有些是一套行為模式，有些則是過程中痛楚。因此，共同依賴所指的，不僅涵蓋之前所列，也包括現在歸結的定義。

我並沒有要混淆你。共同依賴的定義之所以模糊不清，是因為它本身狀態就模糊不清，複雜又難懂，很難三言兩語就說明清楚。

既然如此，為什麼一個定義，要如此大費周章？因為我想以一句話加以定義。另外，我也希望在說出較嚴格的定義前，你能看到更全面的觀點。如果辨識共同依賴行為是重要的，我希望透過這種方式，能幫助讀者找出自己的共同依賴特質。界定問題之所以重要，是因為可以有助於找出解決之道。解決問題是極為關鍵之處，因為它代表感覺變好，也意味著復元。

所以我的定義如下：

共同依賴者為一個人讓他人行為影響自己，並對控制他人的行為十分執著。

這裡的他人可能是孩童或成人，情人或配偶，兄弟姐妹、祖父母或父母，也可能是客戶或摯友。他／她可能是成癮者；也可能患有生理或心理疾病；或是偶有悲傷情緒的正常人，又或者是前文所提的任一類型。

人生的關鍵在於自己，不在他人

然而，不管他人對自己多重要，定義與復元的關鍵並不在於他人，而是在於自己。我們不僅讓他人行為影響自己，也試圖影響他人，例如偏執、控制、照顧、給予協助、因為自我厭惡使得自我價值低落、壓抑自我、充斥憤怒與罪惡、特別依賴某人、受到怪異的事物吸引或特別容忍、以他人為中心而導致放棄自我、有溝通或親近上的問題，以及激烈地經歷五個階段的憂傷過程等等。

共同依賴是一種病嗎？有些專業人士認為，共同依賴並非一種病症，是對於不正常的人才會有的正常反應。其他專家則認為是一種病，而且屬於會愈來愈嚴重的慢性病。他們指出，共同依賴者想要也需要生病的人在旁邊，如此才能藉由不健康的方式取得快樂。比方說，酗酒者妻子會嫁給酗酒者，是因為她不自覺感知到對方在酗酒，而且，她需要丈夫喝酒，讓自己狠狠受到打擊，才能獲得滿足。

後者的評斷也許太過無情，我認為共同依賴者的生活需要少點苛刻。其他人對我們嚴格要求，我們也是嚴以律己。朋友們，我們吃了夠多苦頭，遂成為疾病與他人的受害者。我們每個人都必須決定自己在受苦過程是扮演哪種角色。

我不知道共同依賴是否是一種病。我並非專家，但讓我講完這章開頭所提的簡介，來陳述我的想法。

儘管第一個戒酒家屬團體成立於一九四〇年，但我確定從有人類、有人際關係出現以來，就可發現零星的共同依賴行為。人永遠都會遇到問題，而每個人也永遠都會關心有狀況的親友。人與人之間一旦關係開始，便可能會受到他人問題牽絆。

正如美國著名電視主持人賽佛在《六十分鐘》*所提，可能西元前接下來的幾年，一直到「大致悲慘的二十世紀」，人都是艱苦走過，而共同依賴則是尾隨在後，如影隨形。打從人類存在以來，就一直做我們所謂的「共同依賴」的行為。他們一方面擔心自己會厭惡他人，一方面試圖幫忙，用的方式卻又無濟於事；口是心非不說，還千方百計試著讓他人凡事用自己的方式看待；或是委屈求全，為的是避免傷害他人感受，但卻也同時傷了自己。此外，他們一直害怕相信自己感受，並相信謊言，因此感覺被出賣背叛。他們一心想報復，懲罰對方以扯平，怒氣難平時，甚至想殺人。他們努力伸張自己權利，卻又遭他人否定；成天灰頭土臉，因為自認配不得絲綢華服。

共同依賴者無庸置疑也做了不少好事。他們生性善良，關心他人，並且對外界需要有求必應。正如美國作家萊特*在其與共同依賴相關著作中所寫道：「我推測共同依賴者歷來都在打擊社會不公，為弱勢者的權利奮戰。共同依賴者想要幫忙，我認為他們也真的有幫上忙。可是，卻可能因自認做的不夠，心生罪惡而被擊垮。」

「想要保護在乎的人，並給予幫助，這是人之常情。而旁邊的人發生問題，我們會受其影響或有所回應，當然也是符合常情。隨著問題愈形嚴重，仍然懸而未決，我們會受到更大影響，並以更強烈方式回應。」

學會如何不回應

回應這個詞在這裡十分重要。無論你是如何處理共同依賴，又是如何定義，以及認定與處理的參考標準為何，共同依賴主要是種回應過程。共同依賴者其實就是回應者，他們時而反應過度，時而又反應不足，卻少有確實行動。他們回應自己的問題、痛苦與行為，也對他人的做出回應。眾多共同依賴者會回應壓力，就算不確定自己能否忍受成癮與其他問題，或甚至從中成長，也不會置之不理。回應壓力十分正常，反其道而行未必就不正常，但是學會如何不回應，並以較健康方式採取行動，不僅勇敢，還能拯救人生。然而，我們絕大多數人都需要幫助，才能學到箇中道理。

或許有些專業人士會稱共同依賴為某種病，是因為許多人回應的都是成癮等疾病。另外，會稱共同依賴為疾病是因為它是漸進發展的。隨著周遭的人病情惡化，我們的反應可能也會愈來愈強烈。起初的些許關心，可能引發孤僻、沮喪、情緒或生理上疾病，或是輕生念頭。一件事會導致另一件，產生連鎖反應，而情況便會每況愈下。共同依賴或許並非疾病，但卻能讓

---

*賽佛（Morley Safer）為美國 C B S 電視台主持人，主持《六十分鐘》（60 Minutes）節目。
*萊特（Thomas Wright），美國作家。

人病懨懨，感到一蹶不振。此外，也會讓身邊的人病況持續，未見好轉。

再者，稱共同依賴為疾病的原因，還包括共同依賴的行為就像其他許多自毀行為一樣，會形成習慣。我們不假思索就重蹈覆轍，而習慣自然而然便養成了。

生命中最重要的人是：自己

不管他人有什麼問題，共同依賴都涵蓋我們對自己與他人的想法、感受與行為等習慣，而這些習慣卻都會帶來痛苦。共同依賴行為或習慣都在自我摧殘，不僅經常回應自毀者，也學會殘害自己。這些習慣會讓我們踏入毀滅性關係，或是陷入走不下去的關係，卻無法抽離。這些行為也會妨礙可能可以發展的關係，讓生命中最重要的人——自己，無法找到平靜與快樂。這些行為全屬於我們每個人唯一能掌控的對象，也就是自己。這就是我們的問題所在。下章我會再一一檢視這些行為。

練習照顧自己

1 你會如何定義共同依賴？

2 你是否認識某人深深地影響了你的生活，讓你掛心憂慮，而希望你能加以改變？這個人是誰？描述一下關於這個人與你的關係，接著讀一下所寫的內容。你的感受為何？

第十九章　共同依賴特質

親愛的上帝，請你賜予我平靜，
去接受無法改變的事物；
也賜予我勇氣，去改變有可能改變的一切，
並賜予我智慧，能明辨兩者差別。

——寧靜祈禱文

倘若兩個共同依賴者一起討論共同依賴的相關議題，定義也許會不盡相同，但可能還是能了解對方見解。雙方會分享彼此共通點，如言行、想法、感受等，這些都是共同依賴的特色。這些症狀、問題、應對機制或反應等觀點，在大部分定義與療程中都會說明，也主宰了療癒過程。我們必須認出共同依賴的特質，接受並與之共存，然後處理、努力度過，並且經常做出改變。

不過，在列出共同依賴者特性之前，我要先澄清一項要點：有這些問題，並不代表我們不好、有缺陷，或矮人一截。有些人小時候就學會了這些行為，有些人則是後來學會。我們有可能從信仰的詮釋學來，而有些女性則是被教導，這些事情是理想女性應具備的美德。不管是從哪學會，我們絕大多數都是當中翹楚。

基於保護自己及滿足個人的需求，我們大部分人不得不開始做這些事情。我們在情緒上、心理上，有時是生理上，為生存而去感受、思考與表現這些事情，設法用最好的方式，去理解並處理我們身處的複雜世界。要和一般正常人一起生活，已不容易，若是每天要與有病、有問題或有狀況的人生活，那是難上加難。我們有許多人，一直試圖處理棘手情況，實在英勇無比，所花心力也令人欽佩。我們已盡己所能，做到最好。

自我保護，反而傷害自己

然而，這些自我保護機制，恐怕不再適用。有時，我們自我保護的作為，反而會傷害自己，與自己作對，變得自我毀滅。眾多共同依賴者幾乎無法好好過生活，也很難滿足自己需求。就如同一位諮商員所言，共同依賴行為不失為滿足需求的管道，卻總是無法達成。我們總是為了正當理由，卻做出錯的事。

我們能改變嗎？能學會比較健康的行為？我不知道心理、精神和情緒上的健康是否可教，但我們卻能接受鼓勵，讓自己受到啟發。此外，學習不同的處事方法，我們也能改變。我相信大部分人都想要身心健康，也希望不枉此生，但卻不曉得換種做事方法並不要緊，甚至不了解現在自己在做的事並行不通。我們絕大多數人都忙著回應他人問題，卻無暇看出自己盲點，更少有餘裕顧及個人狀況，加以處理。

眾多專業人士都表示，改變的第一步是要先意識到問題，然後接受。了解這點之後，讓我們一起檢視共同依賴的特質。以下列出的乃集結自我個人的經驗、專業經歷，以及參考的書藉。

照顧

有人可能：

- 認為要為他人負責，不管是他人感覺、想法、行為、選擇、想望、需求、幸福、不幸，以及最終命運，感覺都得全部承擔。
- 他人有問題時，會感到焦慮、惋惜或有罪惡感。

- 覺得自己有義務協助別人解決問題，或近乎強迫自己這麼做，包括未經要求便自動給予建言、快速提供一連串建議，或整理情緒感受等。
- 付出卻沒有效果便會生氣。
- 預想他人的需求。
- 納悶別人為什麼無法像自己一樣付出。
- 發現自己口是心非，所作所為並非自己所願，所做的事多於該做的事，而他人有能力完成的事情，也全部攬下一一做完。
- 對自己的想望或需求不甚了解，就算知道，也告訴自己沒那麼重要。
- 試圖取悅他人，而非為自己著想。
- 輕易就能感受他人遭遇不公不義，並為其打抱不平，而自己的不合理處境，卻很少表達不滿。
- 付出時最有安全感。
- 他人為自己付出時，會沒安全感，反而會產生罪惡感。
- 為他人付出大半輩子，卻未得到相應回報，為此感到沮喪。
- 發現自己會自動接近需要幫助的人。

- 需要幫助的人會自動接近。
- 生活若是缺乏危機、沒問題要解決，或沒人要幫忙，就會感到無聊、空虛及沒有價值。
- 為了回應或幫助他人，犧牲個人既有的日常生活。
- 過度奉獻。
- 感到苦惱緊張。
- 內心深處相信，他人是要對自己負責。
- 怪罪他人讓自己身陷困境。
- 提出是他人讓自己覺得要這樣做。
- 認為是他人讓自己抓狂。
- 感到氣憤不已，而且自覺處境有如受害者，遭人利用又未被珍惜。
- 因上述所有共同依賴特色，對他人變得失去耐性或想發脾氣。

自我價值低落

有人是：

- 生長於有問題、壓抑或失能的家庭。
- 否認自己家庭有問題、壓抑或失能。
- 凡事都怪自己。
- 對自己處處挑剔，凡事看不順眼，包括個人如何思考、感受、觀看、行動和表現。
- 經常自責與自我批評，但受到他人責備批判時，則會發怒、憤慨又有防衛心。
- 拒絕嘉許或讚美。
- 未獲嘉許或讚美（沒有正面撫慰），便會感到沮喪。
- 自覺與眾不同。
- 覺得自己不夠好。
- 把錢花在自己身上、為自己做不必要或好玩的事，都會有罪惡感。
- 害怕被拒絕。
- 對人不對事。
- 曾遭在性、生理或情緒上遭虐待；被忽視、拋棄，或受害於成癮者行為。
- 自認為受害者。

- 對自己說什麼事都做不好。
- 害怕犯錯。
- 不解自己為何做決定時，總是難以抉擇。
- 預期凡事自己都能做到盡善盡美。
- 想知道為何做任何事，沒有一件能符合自己標準。
- 有許多「應該」。
- 充斥罪惡感。
- 對自己本身感到丟臉。
- 認為自己人生不值得活下去。
- 反而設法幫助他人經營人生。
- 從幫助他人上得到虛而不實的自我價值。
- 因他人失敗與問題，而感受強烈的低自我價值，如愧疚、挫敗等。
- 期待好事發生。
- 相信好事永遠不會降臨。
- 認為自己不配有好事發生或快樂。

- 希望自己會受到他人喜歡與關愛。
- 認為自己不太可能會讓他人喜歡或愛。
- 試圖證明，對他人來說自己是很好的。
- 隨時準備好提供他人協助。

壓抑

許多人會：

- 基於恐懼與罪惡，從意識中移除自身的想法與感受。
- 變得害怕做自己。
- 看起來一板一眼，且極有自制力。

偏執

有人會：

- 對問題及他人感到極度焦慮。
- 擔心最可笑的事情。
- 想的與談的，經常都是別人。
- 為諸多問題或他人行為失眠。
- 擔心。
- 從未找到答案。
- 確認他人有無遇到困難。
- 設法當面揪出別人的不良行為。
- 無法不說、不想或不擔心他人或各式問題。
- 太過操煩某人或某事，而不管自己的日常生活。
- 對他人及其問題總是竭盡全力。
- 納悶為何總是缺乏活力。

- 不知為何總是無法把事做好。

控制

許多人是：

- 生活歷經風風雨雨，與失控的人同住一屋簷下，導致自己悲傷失望。
- 害怕放手讓他人做自己，或讓事情順其自然。
- 對於失去掌控的恐懼，不願面對與處理。
- 認為自己最能看清事情應如何進展，以及他人該如何表現。
- 經由無助、罪惡、強迫、威脅、建議、操控或支配，企圖控制別人或各項事情。
- 最後前功盡棄，或激起他人怒氣。
- 感到挫敗與憤怒。
- 感覺受事情與別人掌控。

否認

有人會：

- 忽視問題或假裝問題不存在。
- 騙自己實際情況並沒有看起來那麼糟。
- 告訴自己明天一切都會變好。
- 保持忙碌狀態，讓自己暫時不必多想。
- 感覺茫然不知所措。
- 感到失落或渾身不舒服。
- 看醫生並服用鎮定劑。
- 變成工作狂。
- 失心瘋花錢。
- 暴飲暴食。
- 裝做事情從沒發生。
- 眼看問題每況愈下。

• 相信謊言。
• 欺騙自己。
• 不解為何自己感覺要瘋了。

依賴

許多人：

• 自己無法感到快樂、滿足或平靜。
• 在自己之外尋求快樂。
• 無論是什麼人或什麼事，只要認為能提供快樂，全都緊抓不放。
• 失去能提供自己快樂的任何人或任何事，便會感覺備受威脅。
• 感受不到雙親的愛與認同。
• 不愛自己。
• 認為自己沒人愛，也無法讓別人愛上。

- 幾近絕望地尋求愛與認同。
- 經常向無法愛人的對象尋求愛。
- 認為周遭沒人會為自己付出。
- 將愛與痛苦劃上等號。
- 認為自己需要他人，勝過他人需要自己。
- 設法證明自己夠好，能夠受到寵愛。
- 不會花時間評估他人對自己的好壞。
- 擔心自己是否討人喜歡或受人疼愛。
- 不會花時間釐清自己是否真的愛或喜歡對方。
- 生活重心全放在他人身上。
- 期望從感情得到所有正面感受。
- 戀愛時對自己的生活失去興趣。
- 擔心他人會離開。
- 不相信自己有能力照顧自己。
- 關係維持不下去，卻還繼續苦撐。

- 容忍他人虐待，好讓對方繼續愛自己。
- 感覺困在各種關係中，無法抽離。
- 結束一段不愉快關係，展開的新戀情卻同樣行不通。
- 納悶自己能否找到真愛。

溝通不良

有人經常：

- 怪東怪西。
- 威脅。
- 強逼。
- 乞求。
- 賄賂。
- 建議。

- 拐彎抹角，不透露真實心聲。
- 話中有話，言談皆有弦外之意。
- 搞不清自己所指為何。
- 不認真看待自己。
- 認為別人不把自己當回事。
- 把自己看得太過嚴肅。
- 表達個人想望與需求不直接了當，例如是以嘆氣來暗示。
- 自覺很難切中要點。
- 不確定重點為何。
- 仔細評估用字遣詞，以達到滿意結果。
- 說話迎合對方。
- 說出刺激對方的話。
- 設法說出什麼話來讓他人做自己想要他人做的事。
- 從個人用語中刪除「不」字。
- 說太多。

- 談論他人。
- 避談自己，例如，自己的問題、感受及想法，全都一概不提。
- 表示任何事都是自己的錯。
- 表示凡事錯都不在己。
- 認為自己的意見不重要。
- 知道他人意見，才表達自己見解。
- 為保護及包庇所愛的人說謊。
- 為保護自己說謊。
- 很難維護自己的權益。
- 難以誠實、坦白及適當地表達自己情緒。
- 認為自己必須說的話多半都無足輕重。
- 說話開始冷嘲熱諷、自我貶低或充滿敵意。
- 為打擾他人道歉。

界線模糊

有人經常：

- 說自己無法容忍他人的某些行為。
- 逐漸放寬自己底限，直到能夠忍受；過去鐵齒絕不會做的行為，現在卻會做。
- 讓他人傷害自己。
- 讓他人不斷傷害自己。
- 想知道自己為何會被傷得如此重。
- 即使抱怨指責，還是不會逃開，並且設法掌控一切。
- 終於發飆。
- 變得完全無法忍受。

缺乏信任

有人會：

- 不相信自己。
- 不相信自己感受。
- 不相信自己決定。
- 不相信他人。
- 設法相信不可靠的人。
- 認為遭上天拋棄。
- 對上天失去信念與信任。

怒氣

許多人會：

- 感到恐懼、受傷及憤怒。
- 與被驚嚇、受傷與憤怒的人同住。

- 害怕自己怒氣。
- 害怕他人怒氣。
- 認為他人一旦生氣，便會一走了之。
- 認為全是他人讓自己生氣。
- 害怕讓他人生氣。
- 受他人怒氣所支配。
- 壓抑自己怒氣。
- 以淚洗面、憂鬱沮喪、暴飲暴食、變得病懨懨、使出卑劣的手段報復、言行舉止充滿敵意，或者會爆發猛烈情緒。
- 因他人惹自己生氣，懲罰對方。
- 因生氣感到丟臉。
- 因動怒感覺罪惡與羞愧。
- 憤怒、厭惡與怨懟的感受，日積月累節節高升。
- 相較於受傷，憤怒讓自己更有安全感。
- 不知自己能否不要生氣。

性事問題

有些人：

- 在房內擔任照顧者角色。
- 自己不想做愛，卻還是勉強配合。
- 想被擁抱、感受呵護與關愛時，卻是發生性關係。
- 生氣或受傷時，便設法做愛。
- 由於太氣另一半，拒絕享受性愛。
- 害怕失控。
- 對自己的性需求難以啟齒。
- 對另一半完全沒感覺。
- 對與另一半性事產生強烈反感。
- 絕口不提性愛。
- 無論如何還是強迫自己發生性行為。
- 簡化性愛為公式化行為。

- 不知為何無法享受性愛。
- 失去性趣。
- 找藉口避開性愛。
- 希望性伴侶能死亡或離開，或者能多少察覺自己感受。
- 對他人抱持強烈性幻想。
- 考慮出軌或已有婚外情。

其他特質

有些人傾向：

- 極度負責。
- 極度不負責。
- 化身烈士，犧牲自己與他人的快樂，而其中理由卻往往不需任何人犧牲。
- 感覺別人難以親近。

- 感覺難以輕鬆享樂與隨性而為。
- 大體說來，對以下的反應相當冷漠：例如，哭泣、受傷、無助。
- 大體說來，對以下的反應非常積極：例如，暴力、憤怒、支配。
- 回應兼具被動與積極。
- 做決定時猶豫不決，情緒也常起伏不定。
- 想哭卻開懷大笑。
- 順從自己的強迫行為與他人，即便痛苦難耐，卻仍順服。
- 對自己家庭、個人或感情等問題，感到羞恥。
- 對問題本質相當困惑。
- 對問題本身掩飾、說謊及保護。
- 不尋求協助，原因是別人告訴自己，問題並沒那麼糟，或自己只是無名小卒，恐怕無能為力。
- 不知為何問題還是一直都在。

發展過程

到了後期，有人可能：

- 感覺昏昏欲睡、了無生氣。
- 感覺絕望。
- 變得退縮又孤僻。
- 日常生活與規律全然失序。
- 虐待或忽視自己子女及其他責任。
- 感到失望。
- 卡在一段關係中，開始計畫逃脫。
- 有輕生念頭。
- 變得暴力。
- 在情緒、心理或生理上都病得不輕。
- 患有飲食疾病（飲食過量或厭食）。
- 對酒精與其他毒品成癮。

＊＊＊

前述所列雖然很多，卻也涵蓋全部情況。共同依賴者跟其他人一樣，會思考、感覺，去做許多事情。單是具有幾項特質，並不能就此判定此人即為共同依賴者。每個人都獨一無二，行事風格也不盡相同。我只是試圖勾勒大致情況，而當中解讀或抉擇，一切都取決於讀者。最重要的是，先找出造成個人問題的行為或在哪個層面，再決定該怎麼做。

第十八章末尾部分曾請讀者自己定義什麼是共同依賴。誠如一位諮商員所言，要是把問題定在「與有問題的人同住在一個屋簷下」，可能解決的方式便是不和對方住在一起。這可能只對了一半。身為共同依賴者，我們真正的問題是人格特質，也是共同依賴行為。

誰是共同依賴者？我是。

有些人對有問題的人付出愛、關心或一起共事，都有可能是共同依賴者。

那些關心飲食疾病患者的人，也可能是共同依賴者。荷莉絲於《享瘦，從心開始》寫道，一位飲食疾病患者，能讓十五至二十位共同依賴者忙碌奔走。許多飲食疾病患者，自己也是共同依賴者。該書中指出：「在一項非正式調查中，我發現酗酒者妻子至少有四成過度肥胖。」

讀本書的讀者，你可能是為了自己，可能你就是共同依賴者。或者你讀這本書是為了幫助他人，若是如此，你可能也是共同依賴者。要是關切變成偏執，同理心變為照顧，照顧他人卻自顧不暇，你就可能染上了共同依賴的行為。每個人都必須自己決定，共同依賴行為是否成了問題，也必須決定該改變什麼與何時改變。

共同依賴的行為包羅萬象，都與他人有關，例如他人的心情、行為、病痛、健康與愛。這是種矛盾的依賴關係。共同依賴者看似被他人依附，其實卻相當依賴他人。他們看似堅強，卻深感無助；看似掌控全局，實際上卻受支配。

這些議題都會決定療癒的進展。唯有解決問題，才能讓療癒變得是快樂的。其他諸多療癒需要解決的問題都涉及個人心理、情緒與精神的問題，過程漫長又累人。但這裡卻不是如此。除了一般人會感受到的情緒，以及開始改變行為所產生的不適應，能夠擺脫共同依賴行為，是很令人振奮，也會感到如釋重負。

如此一來，不僅讓我們能做自己，讓他人能做自己，也有助於我們運用天賦能力去思考、感受與行動。這樣的感覺如此美好，不僅帶來平靜，讓我們能愛自己、愛他人，同時也能獲得愛，得到某些一直都夢寐以求的美好事物；再者，還能提供我們周遭的人一個理想的環境，生活得健康，並有助於遏止我們許多人人生中一直難以忍受的苦痛。

復元不只令人開心，而且很簡單。雖然未必容易達成，但基本上並不困難，只要每個人都為自己負責。這項假定，許多人到目前仍會忘記或從未學會。這需要我們努力學會這個新行為：也就是照顧自己。

練習照顧自己

1 瀏覽本章的檢核列表。要是某項特質對你而言從未是問題，標示為0；要是偶爾產生問題，標示為1；經常是問題，則標示為2。你可以加以利用這個列表來引導自己閱讀其他章節來達成目標。

2 你對改變自己的想法為何？當你開始改變，覺得會發生什麼？覺得自己是否能改變？為什麼？把對這些問題的回答寫下來。

後記一

我第一次遇到共同依賴者是在六〇年代初期。儘管當時不曉得共同依賴者的定義，但我通常還是知道誰是。那時的我酗酒又嗑藥，日子過得一團糟，身邊自然也就有一堆共同依賴者。

共同依賴者充滿敵意、愛掌控、操縱、不直接、有罪惡感、難以溝通、愛唱反調、有時絕對討厭至極，什麼事都要插手干預。他們對我大吼大叫、藏我的藥，擺出嫌惡表情，把我的酒全倒進水槽，試圖讓我遠離毒品，也想知道為何我會這樣回報，到底是哪根筋出了問題。然而，他們總對我不離不棄，就算是我自找的災難，也隨時準備好要出手搭救。在我生命中的共同依賴者不了解我，往往彼此產生摩擦誤會。我不瞭解自己，也不了解他們。

幾年後，在一九七六年，我第一次在專業領域上遇見共同依賴者。那時我已戒酒一段時間，也試著不碰毒品，算是正在復元中。另外，我也在酒精／藥物成癮這方面擔任諮商。這個領域涵蓋為數眾多的協會、課程與機構，幫助酗酒或藥物成癮者改善生活。一方面由於我身為女性，多數成癮者的家人也是女性，一方面我在這行相當資淺，其他同事沒有意願，於是明尼蘇達州治療中心的主管，便要我為參加課程的成癮者妻子組織一個支持團體。

我根本沒料到會有這項任務。當時我仍然覺得共同依賴者是充滿敵意、愛掌控、愛操縱，不直接、有罪惡感，以及難以溝通等。

在這個支持團體中，我看到有的共同依賴者覺得自己要為全世界負責，卻不願負起主導與經營自己生活的責任。

有的共同依賴者則是不斷付出，卻不曉得該如何接受。也有人不停付出，直到發火、累壞或感覺被掏空，或是持續付出到最終放棄。甚至有女性辛苦付出，三十三歲就因過勞而撒手人寰。她是五個孩子的媽，老公曾經三度被送進監獄。

這些女性非常會照顧身邊的人，但卻懷疑自己有照顧自己的能力。

我看到共同依賴者僅存軀殼，盲目生活、不斷趕場。這些共同依賴者，有的很會迎和別人，有的如烈士般犧牲，有的奉行禁慾主義，有的像暴君般跋扈，有的則像依附他人而生的藤蔓，日漸枯萎凋零。套用薩克勒劇作《進擊拳壇》*的台詞，他們「緊皺著面容，透露出諸多悲哀」。

*薩克勒（H. Sackler），美國劇作家，著名的作品有《進擊拳壇》（The Great White Hope）。

許多共同依賴者對他人過度偏執，他們可以準確、詳細地背一長串成癮者的言行舉止與偏差行為：包括成癮者在想什麼、感覺如何，做過或說過什麼，以及沒想過、沒感覺過、沒做過或說過什麼。酗酒或藥物成癮者該做或不該做什麼，共同依賴者全都一清二楚。他們不明白的是，為什麼對方會做出某些事，某些事又不做。

然而，這些共同依賴者能洞察別人的問題，卻看不見自己的問題。他們不知道自己的感覺是什麼，也不確定自己在想什麼。此外，要是發生任何問題，一旦與酗酒或藥物成癮無關，共同依賴者便完全不知道能做什麼來解決問題。

共同依賴者是不可輕忽的族群。他們苦不堪言、滿口抱怨，試圖控制每個人與每件事，除了自己之外。當時相關研究資料不多，我和許多諮商員都不知如何幫助他們。藥物／酒精依賴這方面研究很多，但大都仍著重在成癮者這一方，而家庭治療的訓練與文獻則是寥寥可數。共同依賴者需要什麼？想要什麼？他們不就只是成癮者家屬，陪同前來治療中心的訪客？他們為何不能配合一下，而不要總是製造問題？酗酒者有理由行為失當，因為他／她喝醉了，但旁邊的人沒有藉口，因為他們沒有酒醉。

但我很快就認同當時出現的兩個想法。這些瘋狂的共同依賴者，其實病得不清，比成癮者還要嚴重。而且，也難怪酗酒者要貪杯，有這種瘋狂的另一半，誰不想喝醉？

那時我已戒除酒癮與毒癮好一陣子，也開始瞭解自己，但對共同依賴仍是不太明白。我試著去了解，但沒什麼斬獲。直到幾年後，我深深陷入幾個有問題的人的混亂生活，以致於完全無法過自己的生活。我不再思考，不再抱持正向情緒，總是懷著憤怒、痛苦、憎恨、害怕、沮喪、無助、絕望與罪惡感，不時還會有輕生念頭。

我感覺筋疲力竭，花了大部分時間煩惱他人，並試圖想出如何控制他們。倘若我是依賴這樣而活（事實是如此），便無法對任何事說不（除了有趣活動）。我和親朋好友的關係變得一團糟，感覺自己完全是個受害者。失去自我不說，也不知為什麼會這樣，不知道發生了什麼事，只覺得自己要發瘋。我當時只想怪周圍所有人，認為一切都是「他們」的錯。

很不幸的是，除了我自己，大家都不知道我情況有多糟。我的問題算是秘密，只有自己知道。我不像身邊那些成癮者或其他有麻煩的人，我並沒有到處闖禍，然後期望別人幫我收拾爛攤。其實在成癮者身邊，我看起來很好。我是如此有擔當，如此可靠。偶爾我會不確定自己有沒有問題，只知道感覺挺悲慘，卻不太了解為何日子會如此難熬。

絕望又掙扎的情況過了一陣子，我才逐漸體會當中原因。正如許多嚴厲批判他人的那些人，我知道自己正跟在那些我批判的人後頭，走上一條漫長又痛苦的道路。現在我能理解那些瘋狂的共同依賴者，因為我也成了其中一員。

漸漸我爬出個人的幽暗深淵，也在期間發掘自己對共同依賴這個主題的高度興趣。我曾經是一名諮商員，也身為「失控不穩又需要幫助的共同依賴者」，因此對這個主題也相當關切。像我這樣的人會發生什麼事？是怎麼發生的？為什麼？最重要的是，共同依賴者該怎麼做，才能讓自己感覺好過一些？而且能一直維持下去？

我和幾位諮商員、治療師及共同依賴者談，讀了現有相關書籍，也重讀幾本經典、基礎的治療書，尋找能適用的概念。另外，我參加了戒酒無名會家屬團體的聚會。

最後我找到自己要的答案。我逐漸看清、瞭解並做出改變。我的生活又重新步上軌道。不久我到明尼蘇達州的另一個治療中心，組成一個共同依賴者團體。不過這次我對於自己正在做的，還是相當模糊。

我發現共同依賴者仍充滿敵意、愛控制指揮、不直接，所有之前我在他們身上發覺到的特質都還在。然而，我現在看得更深入了。

我看到共同依賴者充滿敵意，那是因為他們傷得很重，敵意是他們唯一的防衛，好避免讓自己再度崩潰。共同依賴者會那麼氣憤，那是因為任何像他們得承受這麼多事情的人，也都會如此氣憤。

共同依賴者會想掌控一切，那是因為他們周遭的每一件事和自己的內在都已經失控。常常，他們自己與身邊的人的生活就要潰堤，對著所有人噴出有害的後果，但全世界似乎只有他們注意到或在乎。

共同依賴者會想操縱，那是因為操縱似乎是完成所有事的唯一途徑。共同依賴者會拐彎抹角，則是因為他們的生活似乎無法容許誠實。

這些共同依賴者覺得自己要發瘋，因為過去相信太多謊言，已經不知道什麼才是真的。我也看到有些人全心投入他人問題，以致於無暇察覺出或解決自己的問題。這些人對他人關心之深，卻經常帶來傷害，忘了要如何照顧自己。共同依賴者會負責到底，因為周遭對象沒什麼責任感，他們只好替對方收拾殘局。

我看到這些困惑、受傷的人，非常需要安慰、瞭解，並提供相關資訊。我還看到因為酗酒者而受害的人，他們滴酒未沾，卻成了酒精的受害者。還有些人拼死拼活，只為贏得掌控加害者的權力。他們從我身上學習，我也在他們身上學到許多。

很快地，我開始認同關於共同依賴的新觀念。共同依賴者沒有比那些有問題的人更瘋，或病得更重，但他們的受傷程度卻不相上下，甚至更深。他們不是唯一遭遇極大痛苦的人，但所經歷的痛苦，是沒有酗酒或嗑藥可以來麻醉，也沒有其他強迫症行為產生的亢奮狀態止痛。而愛上有問題的人所帶來的這份痛楚，是非常深的。

「酒精／藥物依賴的配偶麻痺自己的感受，所承受痛苦往往是倍增。而當中痛處，只能透過憤怒和偶爾幻想得到緩解。」瓦歐提茲在《共同依賴行為：一個新出現的議題》書中寫道。

共同依賴者是清醒的，因為他們歷經風風雨雨，皆是神智清醒。

難怪共同依賴者會如此瘋狂。跟那些有問題的人一起生活，有誰會不瘋？

共同依賴者要取得資訊，並獲得所需與應有的幫助，一直以來都頗為困難。說服成癮者或其他有問題的人尋求協助，就已經頗有難度，而要說服共同依賴者解決自己問題更是難上加難。畢竟，相較之下他們看起來並無異狀，只是感覺不對。

共同依賴者都是在有問題患者背後默默受苦。若是展開療癒，也是在背後進行。共同依賴者有時會被怪罪或遭忽視，有時則被期許能神奇地變好。很少有人會把共同依賴者看成需要幫助的人，讓他們情況好轉。然而，基本上成癮和其他強迫症會讓每一個被影響的人，全都淪為受害者。這些人需要幫助，即便他們不酗酒、沒嗑藥、沒賭博、沒暴食或過度強迫等行徑。

這就是我寫這本書的原因，包含我個人的研究、親身經驗、專業經歷。本書乃屬個人觀點，而在某些部分可能會有偏頗。

我並非專家，因此這本書不是寫給專家看的專書。無論你讓自己受影響的是酗酒者、賭徒、暴食者、工作狂、性成癮、罪犯、叛逆青少年、神經質父母、另一個共同依賴者，或前述幾種綜合，這本書是為你所寫。

這本書說的不是如何幫助你身邊陷入麻煩的人，雖然如果你過得好，你所關注的對象復元機會也會隨之提升。市面有許多關於成癮者的書籍，而這本則是關於你最重要卻可能最會忽略的責任：那就是照顧你自己。這本書也會告訴你，可以做什麼讓自己好過一點。

我設法選錄關於共同依賴最好、最有幫助的概念，也引述專家所言，以呈現他們觀點。我另外提供了實際的案例，說明別人如何處理特定的問題。基於保護隱私，我將個案人物改名換姓，更動細節部分，但是內容全是真人真事。不過，我大部分所知道的，是來自許多人及他們對相關主題的想法，因此很多想法乃是幾經轉述，來源已不可考。我已經設法盡量確切引述，不過還是無法盡皆完善。

雖然這是本勵志書，但記住這不是專治心理健康的食譜。每個人都獨一無二，每種情況也各不相同。請試著找到適合自己的療癒方式，例如尋求專業協助、參與互助團體等。

我有一個朋友在心理健康領域工作，曾從別人那裡聽來一個關於療癒的故事，我分享如下：

從前有個女人為了向大師學習而搬到山洞，她說想在那裡學會所有想學到的事情。大師給她好幾疊書，讓她可以自修。每天早上大師都會去洞穴驗收學習成果。他手拿一根很重的竹杖，並問她同樣的問題：「學會所有該學的了嗎？」她每天都回一樣的答案：「還沒。」大師便拿竹杖打她的頭。

這樣的情況持續幾個月。某天大師又到洞穴內，問她相同的問題，他還是聽到同樣答案，拿起枴杖就要打時，她搶下拐杖不再讓自己挨打。

她抬起頭看著大師，一方面慶幸當天沒再挨打，一方面也害怕會遭報復。沒想到大師居然露出微笑，並說：「恭喜妳可以畢業了，現在妳知道所有該知道的了。」

她說：「怎麼說？」

大師回答：「你現在知道自己永遠也不可能學完所有的事情，而且也知道該怎麼避開苦痛。」

這就是這本書的目的：**止住傷痛，掌握自己的人生。**

許多人都學會了該怎麼做，而你也可以。

後記二

我非為人師者，而是喚醒者。

——美國詩人羅伯・佛洛斯特（Robert Frost）

其實很多年前我就想寫這本書，後來才真正動筆。

最初想寫這本書，是因為自己深陷痛苦，但卻遍尋不著相關書籍，可以解釋怎麼回事。我當時只想為同樣在痛苦中的人寫本書，解釋我們怎麼了，幫助他們了解，減輕他們的痛苦。

不過，後來我發現有人寫過類似的主題，便頓時打消寫書念頭。另外也已經有文獻可供參考，只是我先前沒有找到。

過了一陣子，我寫書的想法有了改變。一方面我想藉此減輕他人痛苦，另一方面我是想自我救贖。這是一個約定，我想努力接受自己過去那段漫長的經歷：因為如果我可以寫出關於這個主題的書，那麼過去那段人生就不會令人感到如此大的失落。

後來這個動機也不成立。畢竟我還沒開始寫書之前，便接受了自身遭遇，不管是否動筆，我都覺得ＯＫ，也發現自己其實得到的比失去還多。透過個人經驗，我發現了「自我」。過去一切都為此刻準備與醞釀，而今天也為明日準備，以成就美好的未來。也就是凡走過必留下痕跡。

等到真正坐下來寫這本書，我內心想法與起初的發想又近乎相同。我想寫可以幫助共同依賴者的內容，也覺得自己有些想法值得與人分享。不過，這本書也僅只是個人意見與想法。且讓我引述作家兼廣播人凱勒*的話來闡釋。他雖然討論的是小說，但對勵志類書籍其實也同樣適用。

要說出真相很難，尤其是當……我們完全不確定真相是什麼。你在探尋真相全貌，結果卻只呈現出某些片段。

期望這本書能為你呈現出某些真相，並提醒你這點：**忠於自己**。

*凱勒（Garrison Keillor），美國作家兼廣播人。

推薦序

共同依賴，意思是「依賴別人對自己的依賴」，說得通俗一點，就是這樣的人喜歡關懷別人、「我該對你所有的感覺負責」，不去關心別人自己就難受；而且這種關懷、關心還非要別人接受不可，不管別人需不需要；通過讓別人需要自己，依賴自己，給予別人並不需要的關懷來確立自己的人生價值，獲得心理滿足。

共同依賴是一種習得行為，是一種情緒現象和行為現象，影響一個人建立健康的、互相給予滿足感的人際關係的能力。由於有共同依賴特徵的人往往建立長期保持單向的、打擊破壞情緒的、虐待性的人際關係，共同依賴也被稱為「關係成癮症」。

改變不健康行為方式最重要的是理解它。希望就在學習中。對共同依賴理解得越多，你對它的影響處理得也就越好。

相信這本書的好資訊會對生活的健康與滿足有所幫助。

楊聰財（楊聰才身心診所院長、國防醫學院兼任臨床教授）

每一天練習照顧自己

當我們為自己負起責任，就能真正放手，做自己

Codependent No More

How to Stop Controlling Others and Start Caring for Yourself

作者　梅樂蒂 ・ 碧緹（Melody Beattie）
譯者　林卓君
總編輯　汪若蘭
編輯　施玫亞
封面設計　李東記
行銷企畫　高芸珮

發行人　王榮文
出版發行　遠流出版事業股份有限公司
地址　臺北市南昌路 2 段 81 號 6 樓
客服電話　02-2392-6899
傳真　02-2392-6658
郵撥　0189456-1
著作權顧問　蕭雄淋律師
法律顧問　董安丹律師

2014 年 7 月 1 日　初版一刷
行政院新聞局局版台業字號第 1295 號
定價　平裝新台幣 280 元（如有缺頁或破損，請寄回更換）

ISBN　978-957-32-7448-3
遠流博識網　http://www.ylib.com　E-mail: ylib@ylib.com

國家圖書館出版品預行編目 (CIP) 資料

每一天練習照顧自己 / 梅樂蒂 . 碧提 (Melody Beattie) 著 ; 林卓君譯 . -- 初版 . -- 臺北市 : 遠流 , 2014.07
面； 公分
譯自 : Codependent no more : how to stop controlling others and start caring for yourself
ISBN 978-957-32-7448-3(平裝)

1. 修身 2. 生活指導

192.1　　103011369